张文龙　著

公司财务柔性
适度性问题研究

The Appropriateness of Financial Flexibility of Companies

中国财经出版传媒集团

经济科学出版社
Economic Science Press

图书在版编目（CIP）数据

公司财务柔性适度性问题研究 / 张文龙著 . —北京：
经济科学出版社，2021.11
ISBN 978 - 7 - 5218 - 2132 - 1

Ⅰ.①公… Ⅱ.①张… Ⅲ.①公司 - 财务管理 - 研究
- 中国 Ⅳ.①F279.246

中国版本图书馆 CIP 数据核字（2020）第 242881 号

责任编辑：刘　莎
责任校对：杨　海
责任印制：王世伟

公司财务柔性适度性问题研究

张文龙　著

经济科学出版社出版、发行　新华书店经销

社址：北京市海淀区阜成路甲 28 号　邮编：100142

总编部电话：010 - 88191217　发行部电话：010 - 88191522

网址：www. esp. com. cn

电子邮箱：esp@ esp. com. cn

天猫网店：经济科学出版社旗舰店

网址：http://jjkxcbs. tmall. com

北京季蜂印刷有限公司印装

787 × 1092　16 开　10.5 印张　170000 字

2021 年 11 月第 1 版　2021 年 11 月第 1 次印刷

ISBN 978 - 7 - 5218 - 2132 - 1　定价：49.00 元

（图书出现印装问题，本社负责调换。电话：010 - 88191510）

（版权所有　侵权必究　打击盗版　举报热线：010 - 88191661

QQ：2242791300　营销中心电话：010 - 88191537

电子邮箱：dbts@ esp. com. cn）

前　言

　　财务柔性既是财务理论关注的热点问题，也是财务实践考量的重点问题。理论上，财务柔性兼具价值增进和价值毁损双重效应。一方面，在资本市场摩擦环境下，公司可以通过合理选择财务政策，积极储备财务柔性，有效应对未来的不确定性，进而增加公司价值；另一方面，公司财务柔性的获取和保持也需要承担机会成本和代理成本等，成本的增加将降低公司价值。由此，财务柔性适度性问题成为财务柔性研究的一个根本问题。由于财务柔性的多维性和多形态性特征，目前对于财务柔性适度性问题的研究还很鲜见。

　　本书以企业财务柔性适度性为核心命题，在对财务柔性适度性理论、模型、实证等问题进行系统分析的基础上，进一步对财务柔性与公司价值的关系进行了全面论证，最后提出了企业财务柔性适度性决策的策略建议。

　　本书的主要结论包括：第一，财务柔性是企业储备的应对未来变化的财务资源，财务柔性适度性是与公司价值最大化相匹配的财务柔性储备水平。理论上当财务柔性的边际收益等于边际成本时，财务柔性达到最优。实践中企业财务柔性储备需要在考虑各种财务柔性获取方式之间的差异性特征和财务柔性动态性特征的基础上，根据管理层特质和企业财务柔性储备能力灵活确定。第二，现金持有是企业最具流动性的资产，是企业财务柔性储备最基本的工具，其他财务柔性储备方式都通过与现金储备之间的变换来作用于企业投资和公司价值等。模糊性将会改变企业持有现金的边际价值，从而使得企业的现金储备水平等显著发生变化。第三，中国上市公司在利用现金持有、负债水平和股利支付来储备财务柔性方面存在着两两之间的替代关系。具体地，企业现金持有与公司负债和股利支付正相关，表明当公司财务持有较多的现金时（较高的现金柔性），其更可能维持较高的负债（较低的负债柔性）和支付较多的现金股利（较低的权益柔性）；公司负债和公司股利支付负相关，表明公司负债较高时（较低的负债柔性），其更少支付现金股利（较高的权益柔性）。第四，从残差信息的视角，企业财务柔性与公司价值呈现负相关关系，企业偏离理论预期值的情况下，剩余的现金柔性、负债柔性和权益柔性都将毁损企业价值。第五，从行业信息的视角，财务柔性与公司价值之间呈倒"U"型关系，财务柔性并非越高越好，适度的财务柔性能起到积极的缓冲效应，过度的财务柔性则会带来消极的代理效应，财务柔性只有保持在合理范围内才能提高公司绩效。

本书的主要创新包括：第一，构建了财务柔性适度性理论，并提出了企业财务柔性决策应遵循的原则和指引。第二，在模糊厌恶条件下拓展了 BSW 模型，发现模糊厌恶显著影响公司的现金持有、投资、融资和企业价值等。第三，利用联立方程模型，发现企业现金持有、负债和股利支付存在相互替代关系，模糊进一步影响了企业的现金持有、负债和股利政策。第四，从残差信息视角构建了财务柔性指数，该指数考虑了财务柔性内生性和现金、负债及股利之间的替代效应，一定程度上弥补了以往研究文献在财务柔性指标综合方面的缺陷。第五，发现基于残差信息的财务柔性指数与公司价值负相关，基于行业信息的财务柔性指数与公司价值呈倒"U"型关系，表明考虑公司财务柔性内生性与不考虑财务柔性内生性的财务柔性指数与公司价值之间的关系具有显著差异。

目　录

第1章 绪 论

1.1 研究背景及意义

受 2008 年美国次贷危机引发的全球金融危机触动，财务柔性问题引起了国际财务实务和理论界的广泛关注和重视。对美国和欧洲上市公司首席财务官的问卷调查显示，财务柔性是公司财务决策考量的最重要因素，财务管理领域的国际一流期刊 *Journal of Corporate Finance* 2009 年专门征集财务柔性和公司流动性方面的研究论文，并于 2011 年发行了该方面的研究专刊。

财务柔性兼具价值增进和价值毁损双重效应。在资本市场摩擦环境下，公司可以通过合理选择财务政策，积极储备财务柔性，有效应对未来的不确定性，进而增加公司价值。但公司财务柔性的获取和保持需要花费成本，成本的增加将降低公司价值。由此，财务柔性适度性问题是财务柔性研究的一个根本问题。

本书研究兼具理论价值和现实意义。在理论方面，本书通过对财务柔性内涵的研究可以为财务柔性适度性提供逻辑前提，财务柔性动态随机优化模型研究可以为财务柔性适度性提供理论基础，财务柔性综合测度研究可以为财务柔性适度性提供方法借鉴，我国上市公司财务柔性适度性评判研究可以为财务柔性适度性研究贡献中国的经验证据。在实践方面，本书对中国上市公司财务柔性的综合测度及适度性评判结果，有助于为公司管理层决策提供指引，为监管层、投资者的决策和金融中介的咨询服务提供参考；对财务柔性各种获取方式互补及替代关系的分析结果，有助于为公司管理层的财务柔性选择实践提供决策借鉴。

1.2 国内外文献综述

1.2.1 关于财务柔性内涵的研究

财务柔性（financial flexibility）又称作财务灵活性或财务弹性。国内外学者对于财务柔性的认识存在两类不同的观点。

一种观点认为财务柔性属于融资范畴，强调当不确定事件发生时，公司做出反应以获取所需资金的能力。莫迪格利安尼和米勒（Modigliani & Miller, 1963）表明公司在资本结构决策中基于柔性考虑不会全部用完自身的负债能力。迈尔斯和马杰鲁夫（Myers & Majluf, 1984）指出信息不对称条件下拥有充分财务松弛的公司能够抓住所有净现值大于零的投资机会。比优（Byoun, 2008）认为财务柔性包含但不限于财务松弛。加姆巴和特里安蒂斯（Gamba & Triantis, 2008）将财务柔性定义为公司以低交易成本获取重构筹资的能力，指出具有财务柔性的公司能够在面临负面冲击时避免财务困境，在有利可图的机会出现时以低成本进行投资，强调了公司财务柔性负面预防和正面利用的双重属性。葛家澍和占美松（2008）认为财务柔性是指企业及时采取行动来改变其现金流入的金额和时间分布，是企业能够应对意外现金需求并把握意外有利投资机遇的能力，强调了财务柔性的时间维度。德尼斯（Denis, 2011）进一步指出财务柔性是公司对于现金流和投资机会的非预期变化以及以适合价值最大化方式做出应对的能力，强调了财务柔性的意图维度。

另一种观点认为财务柔性是企业战略柔性的一个有机组成部分，强调公司财务管理活动和财务管理系统的整体柔性。阿密德艾等（Ahmed et al., 1996）认为组织柔性由技术、人员、正式和非正式的组织结构、企业的制度和程序等组成。赵华和张鼎祖（2010）认为企业财务柔性是企业系统的一种适应财务环境的动态变化和系统的不确定性、有效管理财务风险的财务综合调控能力。王棣华（2013）从建设企业柔性财务管理文化、更新财务管理理念和增强财务管理柔性三个方面提出了实现柔性财务管理的途径。

格（Gryko, 2018）在融合战略、经营和融资决策基础上，指出财务柔性是公司对环境变化的财务适应能力，拥有该能力的公司能够以合算的方式为将来的投资或者重组活动进行融资。维持应对环境变化的融资能力为企业提供了价值创造潜力，该潜力一方面可以使公司抓住未来的投资机会，另一方面可以使公司避免负面冲击引发的风险。

1.2.2 关于财务柔性获取方式及各方式之间关系的研究

公司财务柔性是连接融资决策与投资决策的纽带，涉及公司流动性、资本结构、股利支付、风险管理等多个方面。

公司常用的财务柔性获取方式包括持有超额现金、获得银行信用额度、保持较低的负债水平、较少的股利净支付、出售资产、套期保值等。阿尔梅达等（Almeida et al.，2011）研究表明，公司有意愿通过持有更多的现金、储备更多的负债能力等来应对资本市场摩擦产生的影响。德安格罗等（DeAngelo et al.，2007）指出高股利支付的历史记录能为公司树立良好的形象，这能让公司按照权益内在价值的价格发行权益证券。阿里特兹和巴特拉姆（Aretz & Bartram，2010）证明在资本市场摩擦情况下，套期保值能够增加公司股东价值。董理和茅宁（2013）认为剩余负债能力使公司发展不必完全依赖于内部资金，这给管理者在决定现金股利政策时提供了更大的选择空间。尼科洛夫等（Nikolov et al.，2017）将公司流动性分为无条件流动性（现金持有）和条件流动性（银行信用额度、套期保值），指出条件流动性受制于公司抵押品约束，而无条件流动性主要应对公司投资机会。

公司各种财务柔性获取方式之间既可能存在替代效应，也可能存在互补效应。阿查亚等（Acharya et al.，2007）指出现金与"负"负债不能完全替代，套期保值需求高的企业倾向于高的现金储备，而套期保值需求低的企业倾向于储备将来的负债能力。阿查亚等（2011）证明了高风险暴露的企业更可能选择现金来储备流动性，而低风险暴露的企业更可能利用银行授信额度来储备流动性。丹尼尔等（Daniel et al.，2008）研究发现在财务危机发生时，大部分公司依靠增加负债，而很少依靠资产出售、现金减少、权益发行等资源来补充财务柔性。博尔顿等（Bolton et al.，2011）研究结果表明，公司的投资依赖于边际 Q 与流动性边际价值的比值，公司流动性过低时会进行外部融资，流动性过高时会进行股利支付，处于过低和过高的中间状态时仅利用内部资源。博纳梅等（Bonaimé et al.，2013）发现公司股利政策和套期保值在获取财务柔性方面具有替代性。

1.2.3　关于财务柔性测度的研究

财务柔性测度包括柔性测度的基础理论和具体方法两个层面。斯拉克（Slack，1991）指出任何柔性都具有时间、范围和成本三个维度，时间表示状态转移的快慢程度，范围指系统采用不同状态的能力，成本表示维持柔性的成本。高登和波维尔（Golden & Powell，2000）认为柔性包括时间、范围、意图和焦点（focus）四个维度，时间和范围维度的含义与斯拉克（1991）相同，意图维度表示公司对环境应对的积极或消极态度，焦点维度是指企业获得柔性的位置，企业既可以通过内部储备获得财务柔性，也可以通过战略伙伴关系等从外部获得财务柔性。考斯特和马霍特拉（Koste & Malhotra，2000）提出了柔性四维度模型，即变化的量带、变化的质差、变化的敏捷性和变化的一致性。王强等（2002）基于考斯特和马霍特拉（2000）的柔性维度，构建了柔性分析的二维象限模型。

财务柔性测度的方法通常包括单指标法、多指标结合法、多指标综合法、维度测度法等，具体指标的选择包括财务柔性来源及影响因素等方面。常用的单指标包括财务杠杆（Fama & French，1999；Ferrando et al.，2014）和现金持有量（连玉君等，2010），阿斯兰等（Arslan et al.，2008）同时结合资产负债率和现金持有量两类指标判断企业财务柔性的大小，并将高现金持有量和低财务杠杆的企业归类为高财务柔性组。班塞尔和米图（Bancel & Mittoo，2011）在调查财务总监对财务柔性及全球金融危机影响基础上，选择了现金比率减去应付账款比率、内部融资率、资产收益率和股东权益比率四个指标构建了财务柔性指数的 Z 得分。马春爱（2010）在综合考虑现金指标、杠杆指标和外部融资成本指标三个方面指标基础上，构建了财务弹性指数。曾爱民（2011）从柔性维度的视角，将财务柔性等价于现金柔性、负债融资柔性和权益融资柔性之和，并结合我国的制度背景，提出了财务能力的概念。拉普等（Rapp et al.，2014）在测度加姆巴和特里安蒂斯（Gamba & Triantis，2008）

财务柔性价值的五个影响因素（包括成长机会、获利性、持有现金成本、外部融资成本和投资的可逆性）的基础上，通过借鉴法尔肯德和王（Faulkender & Wang，2006）现金边际价值的思路，从资本市场的角度构建了财务柔性价值指数。

1.2.4　关于财务柔性收益与成本的研究

关于财务柔性收益的研究主要体现为负面预防和正面利用两个方面。比优和许（Byoun & Xu，2011）通过研究 2007～2008 年金融危机事件，发现危机前主要依靠内部融资的企业在危机中增加了外部融资和投资支出，获得了较大的市场份额，而危机前主要依靠外部融资的企业在危机中显著压缩了外部融资和投资支出，表明具有财务柔性的公司在危机中增加了竞争优势。曾爱民等（2013）认为财务柔性企业在金融危机时期的投资所受融资约束程度显著更轻，能在金融危机初期更大幅度地增加投资支出，并且这些新增投资能显著更好地改善企业在随后年度的财务业绩。卡姆佩罗等（Campello et al.，2010）研究表明，在金融危机期间，银行授信额度作为流动性补充手段，为企业投资提供了重要资金来源；德尼斯和斯比尔考夫（Denis & Sibilkov，2009）发现现金持有可以使财务约束的公司增加投资数额。王先柱和金叶龙（2013）发现财务柔性水平较高的房地产企业在面对货币政策冲击时具有较强的适应性。加姆巴和特里安蒂斯（Gamba & Triantis，2008）构建了动态随机优化模型，模拟结果表明现金柔性与负债柔性对公司价值具有正向影响。马奇卡和穆拉（Marchica & Mura，2010）发现具有闲置负债能力的公司进行了更多的资本支出，超额资本支出主要依赖于新债务发行，长期来看超额资本支出导致了更好的公司绩效。金（Kim，2016）利用航空公司的数据发现拥有较多现金的航空公司通过较低的票价获得了市场份额，该策略导致了公司长期业绩增长。

各种财务柔性获取方式都需要承担相应的成本。现金储备会产生机会成本（Dittmar et al.，2003）和代理成本（Jensen，1986；Pinkowitz et al.，2006），保留负债能力将会损失税盾效应（Miller，1963）和负债的公司治理效应①

---

① 负债可以减轻自由现金流问题导致的代理成本，也可以减轻公司的投资不足问题。

（Jensen，1986；Myers & Majluf，1984），公司获得信用额度需要支付承诺费，利用股利支付发挥信号传递效应的成本较高（Bhattacharya，1979），套期保值通常需要支付保证金（Hull，2013），等等。

综上可知，目前关于财务柔性的研究已取得了较为丰富的成果，但还存在诸多不足：第一，现有研究主要集中于财务柔性的各个方面（特别是现金持有与公司负债储备方面），但将各方面财务柔性综合研究的较少；第二，财务柔性适度性问题是财务柔性研究的根本问题，但目前关于财务柔性适度性的研究还很鲜见；第三，企业财务决策是一个连续过程，财务柔性与公司投资决策之间相互影响，但目前大部分关于财务柔性的实证研究通常将财务柔性与投资决策分离，割裂研究财务柔性的影响因素和财务柔性对企业投资决策的影响。针对现有研究存在的缺陷，本书试图在财务柔性适度性理论、财务柔性综合测度、财务柔性适度性评价等方面进行重点突破。

1.3 研究内容与方法

1.3.1 研究内容

（1）公司财务柔性理论研究。第一，在分析柔性内涵基础上，从负面预防和正面利用两方面探析财务柔性的功能；第二，从不确定性和资本市场摩擦两方面探究财务柔性问题产生的基本前提，重点剖析不确定性、信息不对称、交易成本等；第三，从财务柔性获取方式的视角研究公司获取财务柔性的内部方式和外部方式，剖析各财务柔性获取方式之间可能存在的互补和替代关系；第四，研究财务柔性的价值增进和价值毁损效应，并从避免财务困境和利用投资机会等方面剖析财务柔性的价值增进效应，从代理成本、机会成本等方面剖析财务柔性的价值毁损效应；第五，研究财务柔性价值增进与价值毁损效应之间的权衡关系，提出财务柔性适度性理论，研究公司财务柔性适度性的实践。

（2）公司财务柔性适度性理论模型及实证检验。首先，将公司流动性、信贷额度、权益发行、股利支付、风险管理、公司投资置于统一研究框架，构建公司权益价值最大化决策的动态随机优化模型，在参照已有研究成果对相关参数设定基础上，模拟公司在未来不同世界状态下如何在流动性、负债、权益发行、股利支付及风险管理之间进行相机抉择，探讨公司财务柔性管理政策组合之间的相互作用及相互影响关系；其次，将公司财务柔性决策内生化，构建联立方程模型，利用中国上市公司的数据，对公司流动性、负债、股利支付等各财务柔性获取方式之间关系的理论研究结果进行经验验证。

（3）公司财务柔性综合测度问题研究。第一，借鉴斯拉克等（2000）的柔性理论研究成果，分析财务柔性测度的组成要素；第二，在分析单指标法、多指标结合法、多指标综合法、维度测度法各类评价方法优缺点的基础上，选择适合本书研究问题的测度方法；第三，选择公司流动性、公司负债、股利支付和风险管理的替代指标，构建公司财务柔性测度指标体系；第四，利用中国上市公司数据获得各指标的数值，选取适当的方法对各指标进行综合赋权，通过计算获得中国各上市公司的财务柔性综合得分。

（4）公司财务柔性适度性评判问题研究。首先，在理论分析基础上，选取公司价值最大化作为公司财务柔性适度性的评价标准；其次，选择公司价值最大化的代理变量作为被解释变量，以中国上市公司财务柔性综合得分、中国上市公司财务柔性综合得分平方项作为主要解释变量，构建公司价值与公司财务柔性之间关系的计量模型；最后，根据计量模型结果，对我国上市公司财务柔性适度性进行评价。

（5）公司财务柔性适度性政策建议研究。该部分在对以上研究结果进行综合分析基础上，提出不同成长阶段、不同风险特征、不同规模公司与不同财务柔性获取方式之间的匹配关系，提出公司财务柔性适度性相关的政策建议。

1.3.2 研究方法

主要通过文献分析、逻辑分析、模型分析和计量分析等方法。具体地：

（1）在总结文献关于财务柔性的价值增进和价值毁损双重效应基础上，采用逻辑分析方法提出财务柔性适度性的观点，为本书的研究奠定基础。

（2）在分析各财务柔性获取方式之间关系基础上，将构建带约束条件的动态随机优化模型研究公司财务柔性决策，利用贝尔曼方程、线性规划方法和数值模拟技术对模型进行求解。

（3）在实证研究过程中，将利用联立方程模型研究公司财务柔性各获取方式之间的替代和互补关系，将利用面板数据模型研究公司财务柔性与公司价值之间的关系。

（4）将利用统计学中多指标综合评价模型对公司财务柔性进行评价，在评价过程中，将利用主观赋权法和主成分分析法等对各评价指标进行赋权。

（5）在模型分析及计量分析基础上，将采用定性分析法提出适合不同成长阶段、不同风险特征公司与财务柔性之间的匹配关系。

1.4　研究创新与不足

1.4.1　研究创新

（1）在剖析财务柔性内涵、功能作用及收益成本基础上，构建了财务柔性适度性理论，并提出了企业财务柔性决策应遵循的原则和指引。

（2）在模糊厌恶条件下拓展了 BSW 模型，发现模糊厌恶显著影响公司的现金持有、投资、融资和企业价值等。进一步在模糊测度基础上，利用联立方程模型，研究了公司现金持有、负债和股利支付的决定因素和三者之间的相互关系，实证结果表明模糊显著影响公司的现金持有、负债和股利政策，且现金持有、负债和股利两两之间存在替代效应。

（3）从残差信息视角构建了财务柔性指数，该指数考虑了财务柔性内生性和现金、负债及股利之间的替代效应，一定程度上弥补了以往研究文献在财务柔性指标综合方面的缺陷。

（4）发现基于残差信息的财务柔性指数与公司价值负相关，基于行业信息的财务柔性指数与公司价值呈倒"U"型关系，表明考虑公司财务柔性内生性与不考虑财务柔性内生性的财务柔性指数与公司价值之间的关系具有显著差异。考虑财务柔性内生性情景下，过度的财务柔性将损害公司价值；而不考虑财务柔性内生性情景下，随着公司财务柔性的增加，公司价值增加，当财务柔性增加到一定程度时，继续增加财务柔性将损害公司价值。

1.4.2　研究不足

（1）本书在理论模型中虽然引入了模糊厌恶，但在实证分析还未能对模糊厌恶进行精确度量，而仅仅构建了模糊指标，因此还存在模型研究和实证分析不完全一致的问题，后续将需进一步探索模糊厌恶指标度量问题，以明确模糊厌恶和财务柔性之间的关系。

（2）本书在财务柔性指数构建过程中还未能将组织结构选择、供应商关系等公司财务柔性的外部获取方式纳入指标，后续将需进一步考虑将外部指标纳入财务柔性指数，探讨外部财务柔性和内部财务柔性获取方式之间的互补和替代关系等问题。

1.5　框架结构

以企业财务柔性适度性为核心命题，首先从财务柔性适度性理论、模型、实证三个方面对财务柔性适度性进行全面分析，其次对财务柔性与公司价值的关系进行系统论证，最后得出分析结论并对公司财务柔性决策提出政策建议。框架结构见图 1 - 1。

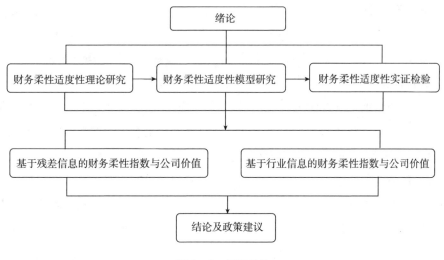

图 1 - 1　框架结构

第2章 公司财务柔性适度性理论研究

2.1 公司财务柔性内涵

2.1.1 柔性

柔性最初来自拉丁语动词"弯曲"（flectere），在汉语大词典中将柔性解释为"柔软的或易弯的性质"。从词义上讲，柔性是生命体和非生命体具有的一种属性，是在外力作用下通过改变形状而不损坏自身的能力。柔性与刚性相对，具有柔性的物体受力后会变形，而具有刚性的物体受力后不变形。

柔性在实际中应用非常广泛，在不同的情境下具有不同的含义。随着经济社会环境的变化和学术研究的不断深入，柔性概念被应用于企业组织，涵盖了企业的战略柔性、管理柔性、制造柔性、技术柔性、人员柔性、制度柔性等不同方面。柔性具有多维性（Suarez et al., 1995）和多形态性（Evans, 1991）特征，很难用一个简单的定义对其进行概括（Aaker, 1984；De Leeuw & Volberda, 1996）。

高登和波维尔（2000）将柔性定义为适应变化的能力，并指出柔性包括及时性、范围、意图和焦点四个维度。及时性维度是指组织在一定时间范围内（短期、中期和长期）适应环境变化的能力；范围维度是组织适应可预见和不可预见环境变化的能力，可预见的变化通常称为风险，不可预见的变化称为不确定性；意图维度是组织主动或被动应对环境变化的能力，主动应对环境变化的组织通过控制环境变化获得竞争优势，被动应对环境变化的组织通过防御来最小化环境变化对组织的影响；焦点维度是组织应对环境变化可以采用的内外部柔性方式和手段，包括内部的柔性制造、员工雇佣和组织结构设计等、外部的供应商关系、战略联盟和跨国经营等。

从柔性的本质及在企业组织的应用实践来看，本研究认为柔性具有如下特征：第一，同生命体和非生命体一样，柔性是企业组织具有的一种属性；第二，未来环境变化是柔性发挥作用的前提，假设没有未来环境变化，企业组织只需考虑现时情景的最优化决策，柔性对企业组织不再重要；第三，企业组织可以通过决策行为改变自身柔性的大小，决策行为既受到企业组织所处环境的影响，也受到公司管理层特质的影响；第四，企业组织柔性决策具有价值含义，储备柔性可以提升公司应对变化的能力，但储备柔性也需要花费成本，合理的柔性储备需要权衡柔性带来的正向价值和负向成本。

2.1.2　财务柔性

本研究认为财务柔性是企业储备的应对未来变化的财务资源。财务资源具有通用性特征，企业储备的财务资源代表了企业应对环境变化的财务能力。从柔性及时性维度来看，不同渠道的财务资源应对变化的能力具有差异性；从柔性范围维度来看，未来风险（可预见的变化）和不确定性（不可预见的变化）具有不同的特征，企业需要对未来风险和不确定性进行不同的财务资源储备；从柔性的意图维度来看，部分企业会主动利用自身的财务资源在变化的环境中取得竞争优势，部分企业会通过储备财务资源以减少环境变化对自身经营的影响；从柔性的焦点维度，企业既可以通过内部渠道（如现金持有、保持负债能力、发放较少的现金股利、出售资产等）储备财务柔性，也可以通过外部渠道（如从大股东、上下游等）储备财务柔性。

财务柔性是企业柔性的有机组成部分，其与公司的战略柔性、经营柔性等共同构成了企业的整体柔性。企业通过各种柔性的协调配合力图在市场竞争中获得持续的竞争优势。财务柔性除具有柔性的一般特征外，其本身也具有特殊性。财务资源的通用性特征，使得其与其他柔性之间的相互转换更为便捷高效。如公司的经营柔性通常需要消耗公司财务资源来获得，具有财务柔性的公司在市场竞争中更容易通过战略调整（战略柔性）而获得竞争优势，适应市场变化的经营柔性和战略柔性最终将为公司积累财务资源，从而经营柔性和战略柔性又转化为了公司的财务柔性。

从经济学的视角看，财务柔性更强调储备财务资源，主要关注公司财务柔性的获取方式、各种不同的财务资源在应对未来变化时的优势与不足，各种财务柔性获取方式之间的互补替代关系，等等；从管理学视角看，财务柔性更强调企业投融资决策的灵活性，主要关注公司如何通过柔性预算、柔性投资、柔性融资、柔性成本等方式在市场竞争中获取竞争优势，等等。本研究主要从经济学的视角，将财务柔性看作企业应对变化储备的财务资源，探讨不同财务资源之间的互补替代效应和财务柔性的适度性规模标准等。

2.2 公司财务柔性问题产生的前提

2.2.1 环境不确定

柔性是适应变化的能力，所有企业柔性问题都基于组织如何适应环境变化而生。如果没有环境变化，则没有组织柔性问题。随着环境不确定性的增加，组织柔性问题变得愈发重要。

环境不确定包括风险和模糊两个维度。风险是可预见且已知概率分布的不确定性，模糊是不可预见或虽然可以预见但不知道概率分布的不确定性。

风险常用统计上的标准差来表示。根据风险的性质，进一步可以将风险分为系统性风险和非系统性风险。系统性风险是由于利率、汇率、股价和商品价格变动而给组织带来的风险；非系统性风险是由于特质因素对组织带来的风险。关于系统性风险和非系统性风险问题学者们已经做了大量的研究，对于系统性风险和非系统性风险的管理工具和手段也大量被开发并被应用于实践。

模糊包括由于缺少信息导致的模糊（Frisch & Baron，1988）、预测不准确导致的模糊（Einhorn & Hogarth，1985）和预测不一致所导致的模糊（Viscusi & Hogarth，1999）等。由于人们无法估计出未来不确定性的概率分布，因此模糊的测度相对困难。伊斯伯格（Ellsberg，1961）和随后一系列实验结果发现决策者通常喜欢处理已知概率分布的事件，而不喜欢处理未知概率分布的事件，表现为模糊厌恶。目前关于模糊的理论研究已经取得了显著的进展，并形成了刻画模糊的方法。但由于模糊测度的困难，实证研究还比较零星，安德尔森等（Anderson et al.，2009）将股票市场价格波动当做风险，利用专家对股票市场的预测分歧来衡量模糊，尼姆蒂尤等（Neamtiu et al.，2014）利用方差溢价和分析师预测分歧来衡量模糊，弗里伯格和塞勒（Friberg & Seiler，2017）用文本分析法区分了风险和模糊。

关于不确定性对企业财务柔性的影响，目前大部分研究没有严格区分风险和模糊，近期少部分研究区分了风险和模糊对企业财务柔性的不同作用机制。邓康林和刘名旭（2013）发现公司面临的经营环境越复杂和经营波动越剧烈时，公司越多的考虑当期财务柔性储备，刘名旭和向显湖（2014）发现环境不确定性与公司财务柔性水平正相关。布里乌尔等（Breuer et al.，2016）的理论模型表明投资者的模糊厌恶导致公司持有较少的现金，而阿格利亚蒂等（Agliardi et al.，2016）的理论模型表明模糊厌恶对现金持有的影响具有先减少后增加的非线性特征，弗里伯格和塞勒（Friberg & Seiler，2017）发现高风险的企业更多地利用衍生工具进行套期保值，而高模糊的企业持有更多的现金。

2.2.2　信息不对称

信息不对称本质上是交易中各人拥有的信息不同，在经济学中信息不对称是指交易一方对交易另一方的了解不充分，双方处于不平等的地位。在确定性条件下，交易双方对交易结果可以明确预期，因此信息不对称导致的后果必然由信息优势方承担。在不确定条件下，由于交易结果预期变得困难，信息劣势方将不再能明确区分交易结果是由未来客观环境变化引起还是信息优势方的隐藏信息或隐藏行动引起，此时交易可能无法达成或将需以很高的成本达成。

信息不对称对于公司财务柔性储备具有重要性。迈尔斯和马杰鲁夫（1984）构建了信息不对称条件下一个企业通过发行普通股来为一个净现值大于零的项目融资的模型。在假设管理者比潜在投资者拥有更多信息且投资者理性的情况下（投资者对项目的价值评价平均低于管理者对项目的评价），模型结果表明企业可能不会发行股票融资，从而放弃或推迟有价值的投资机会，而财务松弛的企业能够抓住所有净现值大于零的投资机会。斯蒂格利茨和韦斯（Stiglitz & Weiss，1981）指出由于在信贷市场上借款者拥有自身贷款风险程度的信息，而银行不知道借款者的违约风险，存在借款者的逆向选择（提高利率会使得低风险的借款者退出借款市场）和道德风险（提高利率会使得借款者承担更高风险的投资项目）。贝斯特和赫尔温（Bester & Hellwing, 1987）提出在面临超额资金需求时，银行不愿意通过提高利率而是采用贷款配给的方式将部分资金需求者挤出借款市场，从而消除超额需求达到供需平衡。在信用配给情况下，银行贷款将不能满足企业全部的资金需求，而保持财务柔性可以增加企业选择投资项目的自由度。

2.2.3　交易成本

企业作为替代市场的组织，本身就是降低交易成本的产物（科斯，1937）。如果交易成本为零，则组织的初始产权配置将不再重要，市场交易机制将最终会获得有效率的资源配置。财务柔性作为组织的一种属性，如果交易成本为零，则企业财务柔性也将不再重要，企业需要时总可以通过市场交易获得有效率的资源配置。

但交易成本不为零的现实环境下，财务柔性在组织中发挥润滑剂的作用，其为组织提供了应对环境变化的灵活性。在交易成本过高时组织可以利用自身的柔性储备而暂时放弃市场交易，而在交易成本较低时通过市场交易进行财务资源的配置。交易成本大小与资产专用性密切相关，企业资产专用性越高时，市场交易成本越高，环境不确定性对企业的影响越大，此时财务柔性对企业越重要。

2.3　公司财务柔性的主要获取方式

2.3.1　内部方式

（1）超额现金储备。现金是企业中最具流动性的资产。凯恩斯（1936）将持有现金的动机分为交易性动机、预防性动机和投机性动机。交易性动机是为满足目前企业需求而需要持有的现金，预防性动机是为了预防未来不确定性而给企业带来的风险而持有的现金，而投机性动机是企业为了抓住未来有利的投资机会而持有的现金。为满足交易性需要而储备的现金是必需的现金储备，为满足预防性和投机性需要而储备的现金是超额现金储备。超额现金储备符合财务柔性关于适应未来变化而储备的财务资源定义，属于财务柔性的来源之一。

（2）银行授信额度。银行授信额度是根据企业申请，银行一次批贷，企业在额度总金额和期限内可循环使用的贷款额度。企业获得银行授信额度后，就可以根据自身的资金需求随时向银行申请贷款，从而节省了普通贷款需办理的手续和交易费用。企业为获得银行信贷额度，一般需要支付承诺费。卡姆佩罗等（Campello et al.，2010）对高管层的调查表明企业常常将银行授信额度作为现金的完全替代品。德米罗格鲁和詹姆斯（Demiroglu & James，2011）指出现金在所有的世界状态下都可以为企业提供流动性保险，而信用额度是否可以为企业提供流动性保险要依赖于借贷双方的财务条件，因此信用额度不是现金的完全替代品。伊瓦什纳和施阿弗斯坦因（Ivashina & Scharfstein，2010）指出如果企业违反债务条款则银行可以拒绝企业的借款请求，而银行陷入流动性危机时也会拒绝承担其为企业提供贷款的责任。梅（May，2014）发现雷曼兄弟破产的一年内其借款客户相较于其他可比企业显著降低了投资规模并显著增加了现金持有。

（3）剩余举债能力。剩余举债能力通常是指公司负债比最优资本结构理论预期结果持续低的部分。格拉哈姆（Graham，2000）发现部分规模大、流动性强、获利能力高且预期危机成本低的企业持续维持显著低于最优资本结构预期的负债水平，明显存在负债保守现象。格拉哈姆和哈维（Graham & Harvey，2001）的调查证据表明财务柔性是公司负债保守的重要驱动因素，被调查者认为债务保守可以使得企业在未来投资机会出现时及时从资本市场获得融资以承担现金流为正的投资项目，如果不保持债务保守，信息不对称和合约成本等问题将可能使企业推迟或放弃现金流为正的投资项目。伊斯特伍德等（Easterwood et al.，2017）将未来现金流的波动分为向上波动和向下波动两部分，实证结果发现企业现金持有与未来现金流向下波动部分正相关，而负债与未来现金流向上波动的部分正相关，表明现金持有对于预防未来世界状态变坏的风险更重要，而负债对于抓住未来有利的投资机会更重要。

（4）低股利支付。低股利支付是企业采取留存较多收益而较少通过股利支付回报投资者的财务政策。林特纳（Lintner，1956）发现公司倾向于实行保守的股利支付（比最优股利支付率低）政策，布拉弗等（Brav et al.，2005）调查表明 2/3 的首席财务官认为未来现金流的稳定性是影响公司股利决策的重要因素。查伊和苏（Chay & Suh，2009）实证发现现金流不确定性对股利支付率和股利支付概率具有显著的负向影响。现金股利和股票回购作为企业向投资者支付的两种方式，加甘纳瑟等（Jagannathan et al.，2000）发现高的永久经营现金流的公司通常支付现金股利，而高的暂时性非经营性现金流的公司通常进行股票回购，股票回购较现金股利是一种更柔性的支付方式。弗利尔斯（Fliers，2017）发现财务柔性的企业更多地通过平滑股利支付来减轻收益波动和投资不足问题，从而维持低风险和低成本的资本市场融资。霍贝尔格等（Hoberg et al.，2014）发现产品市场竞争的加剧减少了企业支付现金股利和股票回购的倾向。

（5）资产出售。与经营亏损或债务到期等原因被迫出售资产不同，财务健康的公司可以通过主动销售固定资产、无形资产或子公司获得资金为公司储备财务资源。由于资产出售主要通过私下协商交易，因此在公司面临信息不对称时，其可能是比发行债券和股票交易成本更低的融资方式。郎等（Lang et al.，1995）发现融资约束的企业可能通过出售资产获得现金来为投资项目进行融资。克鲁斯（Kruse，2002）发现当企业所处的行业成长率高时，由于资产价格的信息不对称程度较低，财务健康的公司更可能主动进行资产出售获得资金。霍瓦奇米安和提特曼（Hovakimian & Titman，2003）发现在控制投资机会和经营活动现金流后，资产销售获得的现金与公司投资显著正相关，且具有融资约束特征的企业相关性更强。德赛和古普塔（Desai & Gupta，2018）发现当融资需求小、关于资产价值的信息不对称程度低时，企业更可能通过资产出售进行融资，而当融资需求大时，公司更可能通过发行证券进行融资。

（6）套期保值。套期保值是企业面临风险时，通过经营或财务工具对冲已有风险的行为。企业套期保值可以通过经营套期和财务套期进行，经营套期主要是通过业务多元化等方式分散现金流风险，财务套期主要是通过远期、期货、互换和期权等衍生工具实现。弗鲁特等（Froot et al.，1993）发现当外部融资成本高于内部融资成本时，企业通过套期保值可以确保公司拥有足够的内部资金来为具有吸引力的投资机会提供融资从而增加公司价值。乔杜里和霍威

（Chowdhry & Howe，1999）发现当汇率不确定性和需求不确定性同时存在时，企业将进行经营套期保值。豪查尔特（Haushalter，2000）发现高杠杆的石油和天然气生产商更多地进行财务套期保值。阿达姆（Adam，2009）发现大的和财务自由的黄金采掘企业倾向于购买看跌期权进行套期保值。阿尔梅达等（Almeida et al.，2017）发现在钢铁期货出现前生产商更多地采用远期购买协议管理商品价格风险，而在钢铁期货推出后生产商更多用期货替代了远期购买协议，钢铁期货避免了远期购买责任的谈判力和结算等风险以及敲竹杠等问题。

2.3.2　外部方式

（1）组织结构选择。企业可以通过组织结构选择来增加自身的财务柔性。阿尔梅达和沃尔芬佐（Almeida & Wolfenzon，2006）理论表明金字塔结构下终极控制人可以利用已经控制公司的所有留存来为新公司（或新项目）进行融资，从而增加新公司可以获得的财务资源，因此金字塔控制结构较平行控制结构更具柔性。弗里德曼等（Friedman et al.，2003）理论模型表明在公司暂时陷入财务困境时，企业的终极控制人会通过自己的私人资金对企业进行救助，且公司发行债务使得终极控制人的救助承诺更可信。利安托和图塞马（Riyanto & Toolsema，2008）进一步表明在投资者保护较弱的环境下，金字塔控制结构较平行控制结构为少数股东提供了公司破产概率更小的保险。贾等（Jia et al.，2013）通过中国上市公司的关联方交易发现隶属于同一控制权人的公司之间会通过关联方交易来转移资源，从而实现共同保险的功能。

（2）供应商关系。企业也可以通过维持与供应商的良好关系来增加自身的财务柔性。库纳特（Cunat，2006）认为通过提供贸易信用，供应商向客户提供了一种流动性保险机制。阿佩第尼和加里格（Garcia-Appendini & Montoriol-Garriga，2013）发现在 2007～2008 年金融危机期间，随着可获得的银行信用的减少，在危机前拥有较高流动性水平的企业向流动性水平较低的客户提供了更多的商业信用。高（Gao，2014）构建的供应商—顾客关系网络模型表明，在外部融资成本较高时，同陷入危机企业关联的企业为了保留关系特有投资，其最优决策是为危机企业增加融资。米奈蒂等（Minetti et al.，2016）发现与实力雄厚的国际贸易伙伴建立长期贸易关系的意大利中小企业显著减小了融资约束。

2.4 公司财务柔性的收益与成本

2.4.1 公司财务柔性的收益

财务柔性的收益是指公司财务柔性储备在应对环境变化时发挥的功能作用及其产生的价值。

从环境变化的性质划分,未来环境变化包括对公司有利的变化和不利的变化,有利的环境变化主要指新的投资机会出现,不利的环境变化主要指公司财务危机事件。

持有超额现金既可以抓住环境有利变化给企业带来的投资机会,也可以预防环境不利变化给企业带来的财务危机风险。保持举债能力和获得银行授信额度可以抓住环境有利变化给企业带来的投资机会,但通常不能预防环境不利变化给企业带来的财务危机风险。较少的股利支付等同于保留较多的留存收益,留存收益既可能转化为企业的现金储备,也可能通过偿还负债的方式增加企业的举债能力,因此较少的股利支付在企业的环境变化时发挥的功能依赖于企业对留存收益的利用。在环境有利变化出现时,企业资产出售价格相对较高,通过资产出售也可以使得企业更聚焦于核心业务,从而增加公司价值;当环境不利变化时,企业资产出售的价格通常较低,通过资产出售来预防财务危机往往是企业的被迫之举。通过经营套期保值可以降低企业的非系统性风险,通过财务套期保值可以对冲企业的系统性风险,通过套期保值可以降低企业面临的环境不确定性。

金字塔组织结构控制较平行结构控制可以放松企业的融资约束,既有利于企业抓住有利的投资机会,也可以降低企业陷入财务危机的风险。在宏观环境不利变化时,良好的供应商关系可能会使得商业信用部分替代银行信用,该信用替代一方面可以降低客户的融资约束,另一方面也可以提升供应商的市场竞争力。

2.4.2　公司财务柔性的成本

财务柔性的成本是指公司储备财务资源需要花费的成本或放弃的利益。

对于现金储备而言，一是公司为持有现金将需要放弃一些能产生更高收益的资产而产生机会成本，二是持有过多的现金使得管理层或控股股东较少受到资本市场约束而产生代理成本。客户获得银行授信额度需要向支付银行承诺费。保持较低的负债将会使得企业损失潜在负债的税盾效应，也将使得公司失去公司负债在减轻自由现金流和缓解投资不足问题方面的治理效应。支付较少的股利最终将转化为公司较多的现金持有或较少的负债，因此会导致现金持有成本或较低负债产生的成本。当外部投资者对资产价值不确定时，企业变卖资产可获得的价格可能明显低于其内在价值，这是因为资产对外部投资者的价值相对于当前的使用价值过低。施莱弗和韦什尼（Shleifer & Vishny，1992）发现当资产市场流动性差时，资产销售（甩卖资产）需要一个大的折扣。因此在环境发生不利变化时，资产销售的交易成本较高。企业进行经营套期保值需要进行多元化经营，而多元化经营往往需要分散企业的财务和管理资源，多元化经营和专业化经营何者更具竞争力目前还是一个开放问题。企业进行财务套期保值时通常需要缴纳保证金，而在合约到期前，保证金的追加或提取将增加企业现金流的波动性。

金字塔控制结构下终极控制人通过各种关联交易对中小股东进行掠夺的现象在世界范围内广泛存在。公司维持与供应商的关系专用性投资一方面可能产生敲竹杠问题，另一方面在宏观环境发生较大的不利变化时，商业信用关系可能导致风险在上下游企业之间进行传染，从而导致企业风险增加。

2.5　公司财务柔性适度性

2.5.1　财务柔性适度性理论分析

财务柔性适度性是与公司价值最大化相匹配的财务柔性储备水平。财务柔性既可以产生收益，储备财务柔性也需要花费成本，理论上讲，当财务柔性的边际收益等于边际成本时，财务柔性达到最优。

财务柔性是一个多维的概念，除现金储备外，其他财务柔性获取方式都具有条件适用性（适应于不同的环境不确定情景），同时各种财务柔性获取方式之间又存在替代和互补效应，因此探讨财务柔性适度性问题既需要解决财务柔性各种获取方式自身的最优问题，也需要解决各种财务柔性获取方式的整合问题。

目前对于各种财务柔性获取方式自身最优问题的研究已经积累了丰富的成果，探讨主题包括各种财务柔性获取方式的收益与成本，影响各种财务柔性获取方式的主要因素，各种财务柔性方式与公司价值的关系等。

对于各种财务柔性获取方式的整合问题的研究还处于初级阶段，目前主要的整合研究方法包括多指标结合法、多指标综合法、维度测度法等，这三种方法的基础指标都对应着财务柔性的不同获取方式，三者之间的差别在于对指标的加权处理过程和综合方法不同。但三种方法存在的共同问题在于：第一，没有考虑各种财务柔性不同获取方式在应对环境不确定变化时的差异性特征；第二，没有考虑各种财务柔性获取方式之间的互补替代效应。因此如何对财务柔性各种获取方式进行整合还属于一个有待探究的难点问题。

2.5.2 财务柔性适度性实践应用

调查证据已经表明财务柔性是公司财务决策考量的最重要因素。但由于财务柔性的多维性特征和企业财务柔性适度性理论的不完善性特点，使得企业管理者在财务柔性管理过程中还面临着决策难题。

已有的财务理论为企业财务柔性决策提供了一些决策原则和指引，具体地：

第一，财务柔性各获取方式具有差异性特征。现金柔性是企业最具柔性的资产，其能够应对未来环境的各种变化；银行授信额度、剩余举债能力、资产出售更适合应对公司未来环境有利变化的情景，通过支付较少股利（保留盈余来储备财务柔性）应对未来环境变化的能力依赖于管理层对留存盈余的应用，经营套期保值更适用于应对公司特质风险，而财务套期保值更适用于应对宏观系统性风险。公司采用金字塔控制结构或与供应商保持良好的关系适用于环境的有利变化和一定范围内的环境不利变化，而通常不能应对极端环境的不利变化。

第二，财务柔性储备管理层特质密切相关。管理层对于不确定性的主动或被动态度决定着企业财务柔性管理的方式方法。主动的管理层会在对环境变化合理预期的基础上，通过现在支付一定的成本储备合理的财务柔性以抓住未来有利的环境变化并预防未来不利的环境变化。被动的管理层将避免现在储备财务柔性的成本，而接受未来环境变化给企业带来的成本。管理层非理性因素也影响着企业财务柔性储备决策。过度自信的管理层将更少的储备应对未来有利环境变化的财务资源，而过度悲观的管理层将更多的储备应对未来不利环境变化的财务资源。

第三，财务柔性适度性具有动态性特征。财务柔性作为公司应对环境变化的财务资源，随着环境的变化，财务柔性的收益和储备财务柔性的成本也在发生变化，因此财务柔性适度性大小本身也在变化。公司储备财务柔性的目的在于应对环境变化，当环境发生有利变化时，企业需要将财务柔性储备转化为投资项目，当环境发生不利变化时，企业需要将财务柔性储备转化为各种成本支出，不论环境的有利变化还是不利变化，企业财务柔性利用的结果都表现为企业财务柔性水平偏离企业财务柔性的适度性需求，因此企业需要通过各种方式逐步进行财务柔性的积累。企业在储备财务柔性过程中，由于各种财务储备方式都具有交易费用，因此企业财务柔性储备过程呈现间断性特征，财务适度性本身不是一个点，而应该是一个区间范围，当财务柔性保持在一定范围内时企业通常不需要进行主动决策，当偏离财务柔性适度性水平时企业才需进行主动干预。

第四，财务柔性储备依赖于公司的柔性获取能力。企业财务柔性需求需要与企业可以获得的财务柔性供给相匹配。各个企业特征不同，所处的环境各异，可供企业选择和企业能够选择的财务柔性储备手段和方式也不同。根据企业的生命周期理论，不同成长阶段的企业特征不同，其可以获得的融资方式也不同，初创期和成长期的企业更多需要利用权益性质的融资，成熟期的企业可以有更多的融资渠道和融资方式，衰退期的企业面临着重生与消失的考验，可供其融资的方式主要依赖于其新业务的特征。通常地，处于初创期、成长期和衰退期的企业财务柔性获取能力较低，其受到的融资约束程度较大，该类型企业面临的不是想不想进行财务柔性储备的问题，而是能不能进行财务柔性储备的问题，而处于成熟期的企业财务柔性获取能力较高，其面临的通常主要是是否进行财务柔性储备、如何进行财务柔性储备及财务柔性储备规模的问题。

由此，财务柔性适度性是一个异常复杂的问题。企业管理者需要在掌握财务柔性基础理论基础上，根据自身的特征和企业所处的环境，灵活地进行财务柔性储备决策，以实现企业价值最大化目标。

第3章 公司财务柔性模型研究

3.1 引言

现金是公司最具流动性的资产，是企业财务柔性储备最基本的工具，其他财务柔性储备方式都通过与现金储备之间的变换来作用于企业投资和公司价值等。本章将现金持有、股权融资、资产出售等纳入统一的研究框架，研究模糊厌恶情境下的公司财务柔性决策问题，同时考虑在套期保值和信贷额度情形下公司的财务柔性决策变化情况。

过去30年来，模糊或模型的不确定性一直备受关注。与奈特（Knight，1921）一致，模糊指的是决策者对现实世界状态的概率分布不完全充满信心的情况。伊斯伯格（Ellsberg，1961）实验证据表明，决策者通常更愿意处理已知的而非未知的概率分布，这揭示了决策者的模糊厌恶。汉森和萨尔根特（Hansen & Sargent，2001）指出，决策者认为观察到的数据来自一组数据的生成过程，他们需要可靠的决策规则。

在关于资产定价的文献中，模糊被广泛使用，如马恩霍特（Maenhout，2004）、安德森等（2009）、具和苗（Ju & Miao，2012）、王和候（Wang & Hou，2015）以及王（Wang，2017）。但在有关公司金融的文献中，只有几篇论文关注了模糊性的影响。阿格利亚第等（Agliardi et al.，2015）将模糊整合到可转换债券的或有权益模型中，研究了模糊如何影响可转换债券的估值。阿格利亚第等（2016）研究了模糊性对公司财务决策和现金持有量的影响。吴等（Wu et al.，2017）（后文简称为WYZ）将模糊性加入了伯尔顿等（Bolton et al.，2011）（后文简称BCW）企业投资和流动性管理的动态模型框架。WYZ检验了模糊对投资行为和流动性管理的影响，但没有考虑其对公司融资和衍生品套期保值的影响。事实上，WYZ 仅通过加入模糊性扩展了 BCW 的清算情形，而没有考虑到 BCW 的再融资、套期保值和信用额度情形。本研究将模糊性加入 BCW 的清算、再融资、套期保值和信用额度情形，研究模糊对企业投资、融资和风险管理的影响。

现有文献对模糊的刻画有四种类型。第一种模糊类型是由汉森和萨尔根特（2001）、安德森等（2003）和马恩霍特（2004）发展的稳健控制框架，目前被广泛用于经济学和金融学。第二种模糊类型是陈和艾普斯坦（Chen & Epstein, 2002）、苗（2009）和刘（2011）中使用的多重先验框架。第三种模糊类型是克里巴诺夫（Klibanoff, 2005）、具和苗（2012）和铃木（Suzuki et al., 2018）采用的递归平滑模糊框架。第四种模糊类型是卡斯特等（Kast et al., 2014）、德里奥齐（Driouchi, 2015）和德里奥齐等（2018）应用的 Choquet-Brownian 模糊框架。WYZ 采用第一种模糊类型，模糊性改变了企业累积生产率的均值，而其波动性保持不变。而本研究使用第四种模糊类型，因为它可以通过单个参数来表示模糊的程度和企业对模糊的态度。更重要的是，与 WYZ 相比，Choquet-Brownian 模糊性假设公司累积生产率的均值和波动性都变化，而这对公司的决策至关重要。更准确地说，在 Choquet-Brownian 模糊性下，公司的累积生产率表现出比没有模糊的公司更低的平均值和波动率，其代表公司过于悲观和过于自信，这比 WYZ 的假设更加现实。

与 BCW 和 WYZ 相比，本研究发现了以下主要的新颖结果。在清算情形中，Choquet-Brownian 模糊性可以显著降低公司价值、现金支付边界和现金边际价值。当公司现金充足时，Choquet-Brownian 模糊会导致公司投资不足；当公司现金过低时，Choquet-Brownian 模糊会导致公司过度投资。与 WYZ 不同，如果公司的模糊厌恶程度足够高，Choquet-Brownian 模糊性可以改变投资—现金敏感性的变化模式。Choquet-Brownian 模糊性也显著降低了公司的平均 q 和边际 q。

在再融资情形中，Choquet-Brownian 模糊性也显著降低了公司价值、现金支付边界和再融资比率。与清算情形不同，Choquet-Brownian 模糊性对现金的边际价值产生了不确定影响。当现金库存足够高时，Choquet-Brownian 模糊性会降低现金的边际价值。然而，当现金库存较低时，Choquet-Brownian 模糊性增加了现金的边际价值。与清算情形不同，Choquet-Brownian 模糊性在再融资情形中总是导致投资不足。与清算情形一样，Choquet-Brownian 模糊性总是会降低平均 q 和边际 q。

与没有套期保值的情形相比，套期保值情形中的 Choquet-Brownian 模糊性对公司价值、现金支付边界、现金边际价值、投资资本比率、投资—现金敏感性，平均 q 具有与再融资情形相似的影响。Choquet-Brownian 模糊性总是会增加公司的套期保值头寸，但 Choquet-Brownian 模糊性在有成本的套期保值情形中比在无摩擦套期保值情形中具有更显著的影响。

在信用额度情形中，Choquet-Brownian 模糊性与再融资情形具有相似的效果。Choquet-Brownian 模糊性降低了公司价值，现金支付边界和信贷比率。与再融资情形一样，Choquet-Brownian 模糊性也会导致投资不足并降低了平均 q 和边际 q。

3.2   模型设定

本研究将 Choquet-Brownian 的模糊加入 BCW 方程中。本研究首先在 Choquet-Brownian 的模糊下描述公司的生产技术，然后描述公司的外部融资机会，最后本研究给出公司的最优化问题。

3.2.1   Choquet-Brownian 模糊性下的生产技术

假设公司使用实物资本进行生产。本研究将资本价格标准化为 1，并分别用 K 和 I 表示公司的资本存量和总投资。作为标准的资本积累模型，公司的资本存量表示为：

$$\mathrm{d}K_t = (I_t - \delta K_t)\,\mathrm{d}t \qquad (3.1)$$

其中，$\delta \geqslant 0$ 表示资本折旧率。

公司的营业收入增长与其资本存量 K_t 成正比，由 $K_t\mathrm{d}A_t$ 得出。其中 $\mathrm{d}A_t$ 是在时间增量 $\mathrm{d}t$ 中所受的生产率冲击。继卡斯特等（2014）之后，本研究假设公司的生产率冲击遵循 Choquet-Brownian 过程。它是基于标准布朗运动 B_t 离散化后的二项式网格来定义的。对于任何的状态 B_t、B_{t+1}^u 和 B_{t+1}^d 分别表示随后的上升和下降过程。如果上升和下降过程有相同的可能性，则 $v(B_{t+1}^u \mid B_t) =$

$v(B_{t+1}^d \mid B_t) = c$，其中 $0 < c < 1$，表示公司对未来状态概率的模糊性。如果公司是模糊厌恶的（将悲观结果设定较高的权重），则容度是次线性的，此时 $c < 0.5$，c 表示模糊厌恶程度（Gilboa et al.，2008；Agliardi et al.，2015；Agliardi et al.，2016）。c 越低，厌恶程度越高。在连续时间中，Choquet 随机游走收敛于由 Z_t 表示的 Choquet-Brownian 运动，Z_t 是一般的布朗运动，其中均值为 $m = 2c - 1$，方差为 $s^2 = 4c(1 - c)$，Choquet-Brownian 运动 Z_t 是一种扭曲的布朗运动，具有模糊的漂移率和模糊的方差率，并且漂移和方差项均是 c 的函数。与卡斯特等（2014）一致，Z_t 的动态过程可以写成：

$$dZ_t = mdt + sdB_t \tag{3.2}$$

对于模糊厌恶企业（$c < 0.5$），本研究有 $-1 < m < 0$ 且 $0 < s < 1$。如果 $c = 0.5$，则 $m = 0$ 且 $s = 1$，Choquet-Brownian 运动退化为标准布朗运动，此时公司是模糊中性的。在 Choquet-Brownian 的模糊性下，公司的生产率冲击由下式给出：

$$dA_t = (\mu + m\sigma)dt + s\sigma dB_t \tag{3.3}$$

其中 μ 和 σ 是传统概率框架下生产率冲击的平均值和波动率。对于模糊厌恶的公司，$\mu + m\sigma < \mu$ 和 $0 < s\sigma < \sigma$。相较于模糊中性的公司，模糊厌恶公司的漂移率和波动率都减少了。模糊厌恶的公司表现为过于悲观且过度自信。

公司在时间增量 dt 中营业利润 dY_t 遵循以下表达式：

$$dY_t = K_t dA_t - I_t dt - G(I_t, K_t)dt \tag{3.4}$$

其中 $G(I_t, K_t)$ 为公司在投资过程中产生的附加调整成本。遵循 BCW 方程，本研究假设公司的调整成本对 I 和 K 是一次齐次的，则调整成本遵循的形式为：$G(I, K) = g(i)K$，其中 $i = I/K$ 为公司的投资资本比率，$g(i)$ 为递增凸函数。为简单起见，本研究采用以下标准二次型：

$$g(i) = \frac{1}{2}\theta_i{}^2 \tag{3.5}$$

其中 θ 衡量调整成本的程度。这个假设意味着当投资为零时，调整成本为零。

最后，公司可以随时变现其资产，并获得清算价值 L_t，该清算价值与股本 K_t 成正比，即清算价值为 $L_t = lK_t$，其中 l 表示每单位资本的回收价值。

3.2.2　外部融资机会

公司可以随时选择发行外部股权融资。进行股权融资会产生固定成本 Φ 和边际成本 γ。为了保持模型的线性同质性,本研究假设公司发行外部股权的固定成本与资本存量 K 成正比,因此 $\Phi = \varphi K$。本研究用 H 表示公司累积外部融资的过程,用 X 表示公司的累计发行成本。发行股票 dH_t 的融资成本由 $dX_t = \varphi K_t + \gamma dH_t$ 给出。

W_t 表示公司在时间 t 的现金库存。如果公司的现金是正数,那么公司存活的概率为 1。如果公司用完现金($W_t = 0$),则需要发行外部股权融资以继续经营,否则其资产将被清算。如果公司选择发行外部股权融资以继续经营,则必须支付上述指定的融资成本。另外,如果融资成本相对于延续价值来说过高,公司更倾向于清算。本研究用 τ 表示公司的随机清算时间。

遵循 BCW 方程,本研究假设公司在现金库存中获得的回报率是无风险利率 r 减去持有成本 λ。λ 衡量现金持有成本。除了现金积累,公司还可以向股东分配现金。本研究将 U 表示为公司对股东的累积非减少支付过程。因此,公司的现金动态可以写成如下:

$$dW_t = dY_t + (r - \lambda)W_t dt + dH_t - dU_t \tag{3.6}$$

3.2.3　公司最优

公司选择其投资 I,累计支付政策 U,累计外部融资 H 和清算时间 τ 以最大化公司价值。公司价值定义如下:

$$E\left[\int_0^\tau e^{-rt}(dU_t - dH_t - dX_t) + e^{-r\tau}(lK_\tau + W_\tau)\right] \tag{3.7}$$

公式中第一项是对股东净支付的贴现值,第二项是清算的贴现值。

3.3　模型求解

考虑公司面临筹集外部资金的成本,它可以通过保留收益(囤积现金)来为其未来投资提供资金。公司的价值取决于其股本 K 和现金持有量 W。用

$P(K,W)$ 表示公司的价值。由于公司的现金持有产生持有成本 λ ，可以预期，一旦现金增长到足够大，它就会选择支付部分现金。用 $\bar{W}$ 表示（上）支付边界。同样，如果公司的现金持有量较低，则会选择发行股票。用 $\underline{W}$ 表示（下）发行边界。因此，该公司将分布在三个区域：（i）外部融资/清算区域；（ii）内部融资区域；（iii）支付区域。

内部融资区域：在内部融资区域，公司价值 $P(K,W)$ 满足以 Hamilton-Jacobi-Bellman 方程：

$$rP(K,W) = \max_{I}\{(I-\delta K)P_K + [(r-\lambda)W + (\mu+m\sigma)K - I - G(I,K)]P_W$$
$$+ \frac{1}{2}s^2\sigma^2 K^2 P_{WW}\} \tag{3.8}$$

式（3.8）右边的第一项表示净投资对企业价值 $P(K,W)$ 的边际效应。第二项和第三项分别表示公司持有 W 现金的预期变化和 W 波动对公司价值的影响。

实物调整成本的凸性意味着最优投资是一个内解。即投资资本比率 $i = I/K$ 满足以下一阶条件：

$$1 + g'(i) = \frac{P_K(K,W)}{P_W(K,W)} \tag{3.9}$$

因为公司价值对 W 和 K 是奇次的，本研究可以写出 $P(K,W) = Kp(w)$，其中 $w = W/K$ 是现金资本比率。将此表达式代入方程（3.8）和方程（3.9），可以得到：

$$rp(w) = \max_{i}\{(i-\delta)p(w) + [(r-\lambda-i+\delta)w + (\mu+m\sigma) - i -$$
$$g(i)]p'(w) + \frac{1}{2}s^2\sigma^2 p''(w)\} \tag{3.10}$$

$$i(w) = \frac{1}{\theta}\left(\frac{p(w)}{p'(w)} - w - 1\right) \tag{3.11}$$

支付区域：当现金资本比率非常高时，公司最优决策是将多余的现金分配给股东以避免现金持有成本。设 $\bar{w}$ 表示内生支付边界，则 $w > \bar{w}$ 满足以下等式：

$$p(w) = p(\bar{w}) + (w - \bar{w}) \tag{3.12}$$

本研究取上述方程的极限，得到以下价值匹配条件：

$$p'(\bar{w}) = 1 \tag{3.13}$$

因此，当公司选择支付时，现金 $p'(w)$ 的边际价值必须为 1。此外，支付最优性意味着以下超相切条件（Dumas，1991）：

$$p''(\bar{w}) = 0 \tag{3.14}$$

外部融资/清算区域：当现金资本比率很低时，公司可以通过发行股票筹集外部资金，将其现金返回内部融资区域，或者清算其资产。BCW 表明发行边界和清算边界相同且 $w = 0$。

如果公司选择发行股票，用 N 表示在股票发行后公司的现金水平，本研究将 $n = N/K$ 定义为再融资比率或回报现金资本比率。与 BCW 方程一样，公司价值 $p(w)$ 满足以下价值匹配和平滑粘贴条件：

$$p(0) = p(n) - \phi - (1 + \gamma)n \tag{3.15}$$

$$p'(n) = 1 + \gamma \tag{3.16}$$

如果公司选择清算，那么：

$$p(0) = l \tag{3.17}$$

只要外部融资下的公司价值 $p(0)$ 大于清算价值 l，公司就更愿意发行股票进行清算。如果相反公司会选择清算。

平均 q 和边际 q：本研究现在转而讨论模型对于平均 q 和边际 q 的含义。企业价值定义为企业价值减去短期流动资产价值的净额。也就是说，它等于 $P(K,W) - W$。这种测度捕捉了生产性非流动资本所创造的价值。平均 q 定义为企业价值与资本存量之比：

$$q_a(w) = \frac{P(K,W) - W}{K} = p(w) - w \tag{3.18}$$

边际 q 定义为企业价值相对于资本的偏导数：

$$q_m(w) = \frac{\partial (P(K,W) - W)}{\partial K} = p(w) - wp'(w) = q_a(w) - (p'(w) - 1)w \tag{3.19}$$

由于现金的边际价值总是大于 1，本研究有 $q_m(w) < q_a(w)$。

3.4 定量分析

与 BCW 一致，本研究考虑以下基准参数：风险调整生产率冲击的均值和

波动率 $\mu = 18\%$ 和 $\sigma = 9\%$ ，无风险利率 $r = 6\%$ ，现金持有成本参数为 $\lambda = 1\%$ ，折旧率为 $\delta = 10.07\%$ ，调整成本参数为 $\theta = 1.5$ ，清算价值设为 $l = 0.9$ ，固定融资成本为 $\phi = 1\%$ ，边际融资成本为 $\gamma = 6\%$ 。

3.4.1 情形 I：清算

图 3 - 1 绘制了清算情形下的结果。图 3 - 1（a）显示公司价值随着模糊厌恶程度而下降，模糊厌恶度越高，公司价值越低。现金支付边界也随着模糊厌恶程度增加而降低。由于现金支付可以被视为避免 Choquet-Brownian 模糊的渠道，因此公司更喜欢提前支付现金。图 3 - 1（b）显示 Choquet-Brownian 模糊性可以显著降低现金的边际价值，特别是当现金资本比率较低时。由于 Choquet-Brownian 模糊性降低了公司价值，然后削弱了公司避免清算的动机，现金的边际价值随着模糊厌恶程度的降低而降低。如果现金充裕，现金的边际价值接近 1。

图 3 - 1（c）表明 Choquet-Brownian 模糊性在现金稀缺时增加投资资本比率，在现金充足时减少。换句话说，Choquet-Brownian 的模糊性导致过度投资和投资不足。当现金持有较高时，具有 Choquet-Brownian 模糊性的公司更愿意现金支付，这导致公司的投资不足。当现金持有较低时，具有 Choquet-Brownian 模糊性的公司更乐于清算，而不是出售资产来筹集现金并远离清算边界，这将降低出售资产的数量，即公司过度投资。如果模糊厌恶程度足够高（c = 0.3），公司总是出售资产以筹集现金且没有投资。图 3 - 1（d）显示投资—现金敏感度（以 $i'(w)$ 衡量）总是正的，这是由内部融资区域的 $p(w)$ 的凹性所决定的。与 WYZ 不同，Choquet-Brownian 模糊性可以在模糊厌恶程度足够高时改变 $i'(w)$ 的变化模式（c = 0.3）。如果模糊度厌恶程度相对较低（c = 0.4），则当 w 为低时 $i'(w)$ 随 w 增加而增加，而当 w 为高时 $i'(w)$ 随 w 减小而减小。然而，如果公司的模糊厌恶程度足够高（c = 0.3），则 $i'(w)$ 总是随着 w 减小。如果模糊厌恶程度足够高（c = 0.3），公司总是出售资产以筹集现金，因此随着现金持有的增长，出售资产的速度变慢。

图 3 - 1（e）和图 3 - 1（f）表明公司的模糊厌恶程度越高，平均 q 和边际 q 越低。如果公司的模糊厌恶程度足够高（c = 0.3），即使现金库存接近于零，平均 q 和边际 q 也没有显著变化。

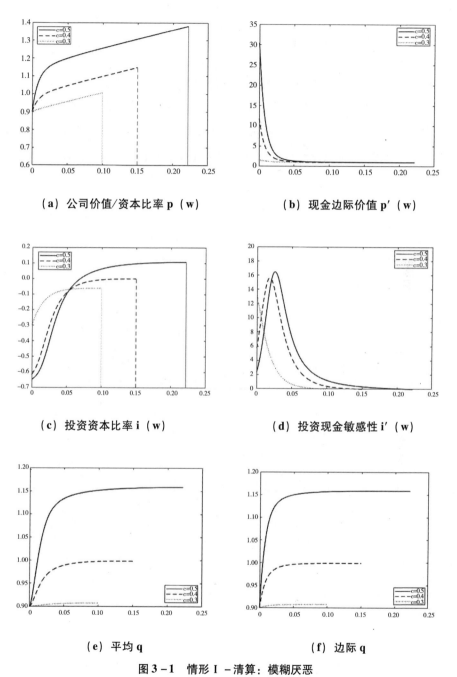

（a）公司价值/资本比率 p（w）   （b）现金边际价值 p′（w）

（c）投资资本比率 i（w）   （d）投资现金敏感性 i′（w）

（e）平均 q   （f）边际 q

图 3-1　情形Ⅰ-清算：模糊厌恶

注：图中（a）~（f）中标识是纵轴代表含义，横轴全部为现金/资本比率。

3.4.2 情形Ⅱ：再融资

图 3 - 2 绘制了再融资情形的结果。类似于清算的情况，公司价值也随着模糊厌恶程度的增加而降低。现金支付边界和再融资比率都随着模糊厌恶程度增加而下降。由于 Choquet-Brownian 模糊性降低了公司价值，Choquet-Brownian 模糊性的公司需求的股权发行金额低于没有 Choquet-Brownian 模糊性的再融资边界 $\underline{w}$ = 0。与清算情形不同，图 3 - 2（b）显示 Choquet-Brownian 模糊性对现金的边际价值产生了模糊影响。当现金存量较高时，现金的边际价值随着模糊厌恶程度的增加而减少，这类似于清算情形。当现金存量较低时，现金的边际价值随着模糊厌恶程度的增加而增加。由于 Choquet-Brownian 模糊性降低了公司价值并强化了公司发行股票的动机，Choquet-Brownian 模糊性增加了现金存量低时现金的边际价值。

图 3 - 2（c）表明，Choquet-Brownian 模糊性总是会降低投资资本比率，即 Choquet-Brownian 模糊性会导致投资不足。具有 Choquet-Brownian 模糊性的公司更愿意进行现金支付和股票发行，从而导致公司的投资不足。图 3 - 2（d）显示 $i'(w)$ 随 w 的增加而减小，这与 BCW 相似。然而，当现金持有较高时，$i'(w)$ 随着模糊厌恶程度的增加而降低，而当现金持有较低时，$i'(w)$ 随着模糊厌恶程度的增加而增加。与清算情形一样，图 3 - 2（e）和图 3 - 2（f）显示平均 q 和边际 q 随着模糊度厌恶程度增加而降低。

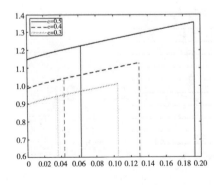

（a）公司价值/资本比率 p（w）

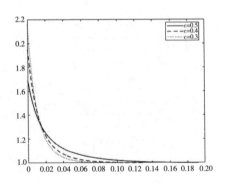

（b）现金边际价值 p′（w）

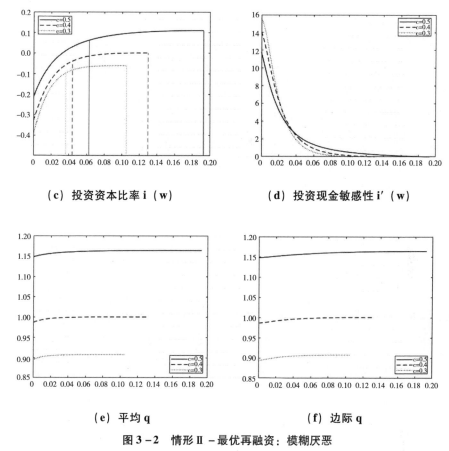

（c）投资资本比率 i（w）　　　　　　（d）投资现金敏感性 i'（w）

图 3 - 2　情形 Ⅱ - 最优再融资：模糊厌恶

（e）平均 q　　　　　　　　　（f）边际 q

注：图中（a）～（f）中标识是纵轴代表含义，横轴全部为现金/资本比率。

3.5　动态套保

本节对 3.2 节中基准模型进行扩展，使公司能够利用市场指数期货对冲其现金流风险。让 F_t 表示已经完全对冲了融资冲击的市场组合的指数期货价格。在风险调整概率下，F_t 满足：

$$\mathrm{d}F_t = vF_t\mathrm{d}B_t{}^M \tag{3.20}$$

其中，v 是市场总投资组合的波动率，B_t^M 是标准布朗运动，与公司的生产率冲击 B_t 相关，具有恒定的相关系数 ρ。在不损失一般性的情况下，本研究仅关注 $\rho > 0$ 的情形。

期货合约要求投资者向保证金账户存入现金。用 ψ_t 和 $0 \leq \alpha_t \leq 1$ 分别表示公司在市场指数期货和保证金账户中投入的总现金份额。保证金账户中持有的每单位现金流量产生成本 $\varepsilon > 0$。期货市场监管通常要求投资者的期货头寸（绝对值）不能超过保证金账户中现金金额的固定分数 $\kappa > 0$。然后保证金的要求对公司的期货头寸施加了以下约束：

$$| \psi_t W | \leq \kappa \alpha_t W \qquad (3.21)$$

由于公司可以在保证金账户和常规利息账户之间无成本地重新分配现金，因此它将最佳地保持保证金账户中所需的最小现金数量。这种最优性意味着不等式（3.21）保持相等。然后，公司的现金持有量满足如下公式：

$$dW_t = dY_t + (r - \lambda)W_t dt + dH_t - dU_t - \varepsilon \alpha_t W_t dt + \psi_t v W_t dZ_t \quad (3.22)$$

其中，$| \psi_t | = \kappa \alpha_t$。

公司选择投资 I，指数期货头寸的大小 ψ 以及保证金账户中持有的现金比例 α 来最大化企业价值 $P(K,W)$，$P(K,W)$ 满足以下 HJB 方程：

$$rP(K,W) = \max_{I,\psi,\alpha}\{(I - \delta K)P_k + [(r - \lambda)W + (\mu + m\sigma)K - I - G(I,K) -$$

$$\varepsilon \alpha W]P_W + \frac{1}{2}(s^2\sigma^2 K^2 + 2\rho\sigma\psi v K W + \psi^2 v^2 W^2)P_{WW}\} \qquad (3.23)$$

满足 $| \psi | = \kappa \alpha$。

如果公司有足够的现金，其套期保值头寸 ψ 不受现金持有约束，则 $0 < \alpha < 1$ 且 $|\psi| = \kappa\alpha$。由于指数期货价格与公司的生产率冲击（$\rho > 0$）呈正相关，因此套期保值头寸为 $\psi = -\kappa\alpha$。采用关于 ψ 的一阶条件得到最优对冲解：

$$\psi = -\frac{\rho s\sigma K}{vW} - \frac{\varepsilon}{\kappa v^2}\frac{P_W}{WP_{WW}} \qquad (3.24)$$

通过齐次化，HJB 方程（3.23）和最优对冲头寸（3.24）可写为：

$$rp(w) = \max_{i,\psi,\alpha}\{(i - \delta)(p(w) - wp'(w)) + [(r - \lambda)w + (\mu + m\sigma) - i - g(i)$$

$$- \varepsilon\alpha w]p'(w) + \frac{1}{2}(s^2\sigma^2 + 2\rho\sigma\psi vw + \psi^2 v^2 w^2)p''(w)\} \qquad (3.25)$$

$$\psi = -\frac{\rho s\sigma}{vw} - \frac{\varepsilon}{\kappa v^2}\frac{p'(w)}{wp''(w)} \qquad (3.26)$$

如果公司缺少现金，它会将所有现金存入保证金账户到最大可行对冲头寸，

然后 $\alpha = 1$ 且 $\psi = -\kappa$。设 w_L 表示最大对冲边界，则 w_L 满足 $\psi(w_L) = -\kappa$。如果公司的现金充足，它选择不进行套期保值，因为套期保值的净收益接近于零而套期保值的成本仍然偏离零，那么 $\alpha = 0$ 和 $\psi = 0$。让 w_H 表示零对冲边界，那么 w_H 满足 $\psi(w_H) = 0$。

无摩擦条件下的最优套期保值。当 $\kappa = \infty$ 时，公司的现金充足，公司将所有现金存入常规的计息账户（$\alpha = 0$）。公司的套期保值没有摩擦，那么 HJB 方程（3.25）和最优套期保值比率 ψ 由下式给出：

$$rp(w) = \max_{i,\psi}\{(i-\delta)(p(w)-wp'(w)) + [(r-\lambda)w + (\mu+m\sigma) - i -$$
$$g(i)]p'(w) + \frac{1}{2}(s^2\sigma^2 + 2\rho s\sigma\psi vw + \psi^2 v^2 w^2)p''(w)\} \tag{3.27}$$

$$\psi = -\frac{\rho s\sigma}{vw} \tag{3.28}$$

公司的总对冲头寸为 $\psi W = -\frac{\rho s\sigma}{v}K$，其随公司规模 K 的增加线性增加。

以下提供 Choquet-Brownian 模糊性对套期保值效应的定量分析。本研究选择 BCW 提供的以下参数值：$\rho = 0.8$，$v = 0.2$，$\kappa = 5$（对应 20% 保证金要求），$\varepsilon = 0.5\%$。其他所需参数由第 3.4 节给出。

图 3-3 和图 3-4 显示，与没有套期保值的情形相比，套期保值情形中的 Choquet-Brownian 模糊性对公司价值、现金支付边界、现金边际价值、投资资本比率、投资—现金敏感度、平均 q 和边际 q 以及再融资比率具有类似影响。现在本研究关注套期保值比率。在无摩擦套期保值情况下，套保头寸 $\psi(w)$ 随着 w 增加而减少，随着 w 变为零而变为无穷大。在有成本的套期保值案例中，公司在高现金持有时选择不对冲，即 $\psi = 0$。对于相对较低的现金持有时，套期保值比率达到最大允许水平（$\psi = 5$）。在中间区域，套期比率 $\psi(w)$ 随 w 增加而增加。Choquet-Brownian 模糊性总是增加公司的套期保值头寸 $\psi(w)$。然而，Choquet-Brownian 模糊性在有成本的套期保值情形下比在无摩擦套期保值情形下具有更显著的影响。在有成本的套期保值情形下，模糊厌恶程度越高，中间区域越小。

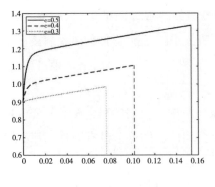

（a）公司价值/资本比率 p（w）

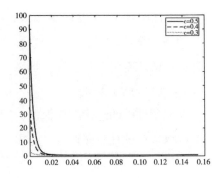

（b）现金边际价值 p'（w）

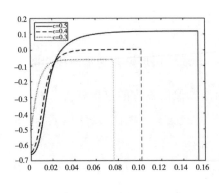

（c）投资资本比率 i（w）

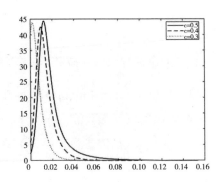

（d）投资现金敏感性 i'（w）

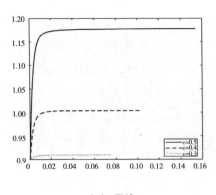

（e）平均 q

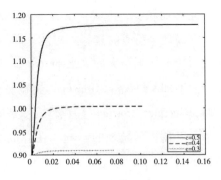

（f）边际 q

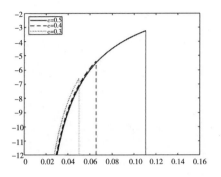 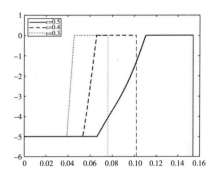

（g）无摩擦情形套期保值比率　　　**（h）有成本情形套期保值比率**

图 3 - 3　清算的最优对冲情形：模糊厌恶

注：图中（a）～（h）中标识是纵轴代表含义，横轴全部为现金/资本比率。

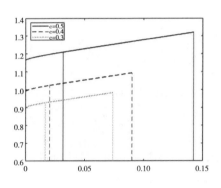 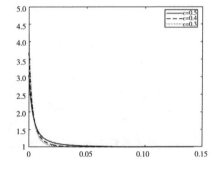

（a）公司价值/资本比率 p（w）　　　**（b）现金边际价值 p′（w）**

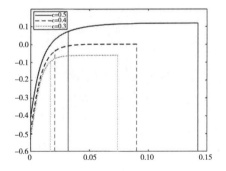 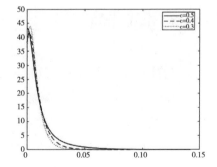

（c）投资资本比率 i（w）　　　**（d）投资现金敏感性 i′（w）**

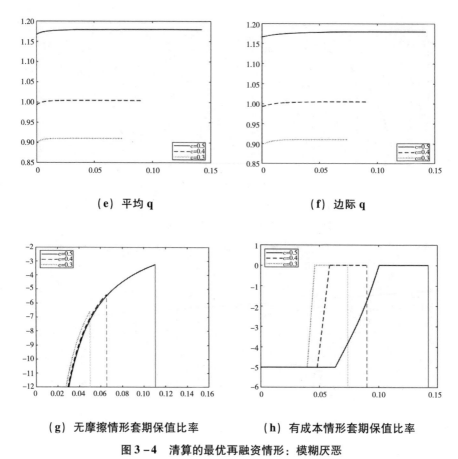

（e）平均 q   （f）边际 q

（g）无摩擦情形套期保值比率   （h）有成本情形套期保值比率

图 3-4　清算的最优再融资情形：模糊厌恶

注：图中（a）～（h）中标识是纵轴代表含义，横轴全部为现金/资本比率。

3.6　授信额度

本节将模型进行拓展为公司能够获得授信额度。授信额度依赖于公司规模 K，授信额度为 ηK，η 是一个常数且 $\eta > 0$，ηK 是公司短期举债能力。该公司对其使用的信贷额度支付无风险利率和确定的利差 ϕ。

由于该公司为获得信贷在无风险利率上支付一个差价，因此在耗尽现金进行投资之前，它将避免使用信贷额度。一般而言，信贷额度价格低于外部股本，因此，该公司倾向于先利用信贷额度，然后再发行股票。融资顺序是内部资金、信用额度和外部股权融资。公司的优化问题变为：

$$rp(w) = \max_i \left\{ (i - \delta)(p(w) - wp'(w)) + \left[(r + \phi)w + (\mu + m\sigma) - i - g(i) \right] p'(w) + \frac{1}{2} s^2 \sigma^2 p''(w) \right\}, w < 0 \qquad (3.29)$$

$$rp(w) = \max_i \left\{ (i - \delta)(p(w) - wp'(w)) + \left[(r - \lambda)w + (\mu + m\sigma) - i - g(i) \right] p'(w) + \frac{1}{2} s^2 \sigma^2 p''(w) \right\}, w \geq 0 \qquad (3.30)$$

方程（3.29）具有股票发行的边界条件：$p(-\eta) = p(\eta) - \phi - (1 + \gamma)(n + \eta)$ 和 $p'(n) = 1 + \gamma$。方程（3.30）具有支付边界条件（3.13）和条件（3.14），它们与之前相同。$p(w)$ 在 $w = 0$ 时是连续且平滑的，这给出了两个额外的边界条件：$\lim\limits_{w \to 0^-} p(w) = \lim\limits_{w \to 0^+} p(w) = p(0)$ 和 $\lim\limits_{w \to 0^-} p'(w) = \lim\limits_{w \to 0^+} p'(w)$。

遵循 BCW，本研究设置 $\eta = 2.5$ 和 $\phi = 1.5\%$。图 3-5 描述了 Choquet-Brownian 模糊性在信用额度情境下的影响。图 3-5 显示 Choquet-Brownian 模糊性与第 4 节中的再融资情形具有相似的效果。由于 Choquet-Brownian 模糊性降低了公司价值，公司要求较低的信用率 $c + m$。投资-资本比率随着模糊厌恶程度的增加而降低，Choquet-Brownian 模糊性导致投资不足。与再融资情形一样，Choquet-Brownian 模糊性降低了平均 q 和边际 q。值得注意的是，边际 q 在现金资本比率 w 中不再是单调的，而在清算情形和再融资情形下它随着 w 的增加而增加。从式（3.19）中，本研究可以得到：

$$q_m{}'(w) = -wp''(w)$$

由于公司价值在 $w(p''(w) < 0)$ 中是凹的，因此边际 q 随着现金区域中的 $w(w > 0)$ 而增加，并且随着信用区域中的 $w(w < 0)$ 而减小。此外，本研究在信贷区域有 $q_m > q_a$，在现金区域有 $q_m < q_a$。

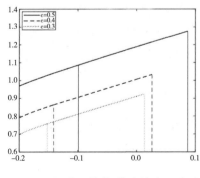

（a）公司价值/资本比率 p（w）

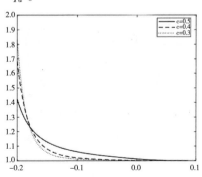

（b）现金边际价值 p′（w）

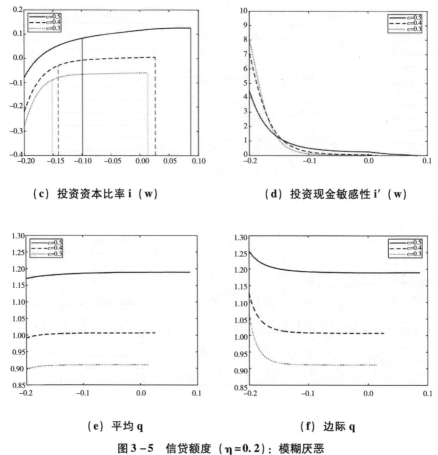

（c）投资资本比率 i（w）　　　　　　（d）投资现金敏感性 i′（w）

（e）平均 q　　　　　　　　　　　（f）边际 q

图 3 - 5　信贷额度（η = 0.2）：模糊厌恶

注：图中（a）~（f）中标识是纵轴代表含义，横轴全部为现金/资本比率。

3.7　结论

本研究将 Choquet-Brownian 模糊性纳入财务约束公司的投资、融资和风险管理的动态模型，并研究 Choquet-Brownian 模糊性如何影响公司投资、融资和风险管理。

在 Choquet-Brownian 模糊性下，本研究得到以下主要的新颖结果。在清算情形下，Choquet-Brownian 模糊性可以显著降低公司价值、现金支付边界、现金边际价值、公司平均 q 和边际 q。此外，Choquet-Brownian 的模糊性可能会导致公司投资不足和过度投资。与 WYZ 不同，如果公司的模糊厌恶程度足够高，Choquet-Brownian 模糊性可以改变投资—现金敏感性的变化模式。在再融资情形中，Choquet-Brownian 模糊性显著降低了再融资比率；与清算情形不同，Choquet-Brownian 模糊性对现金的边际价值产生了不确定性影响，并且总是导致投资不足。在套期保值情形下，Choquet-Brownian 模糊性与没有套期保值的情况具有相似的效果。此外，Choquet-Brownian 模糊性总是会增加公司的对冲头寸，而且 Choquet-Brownian 模糊性在有成本的套期保值情形下比在无摩擦套期保值情形下具有更显著的影响。在授信额度情形下，Choquet-Brownian 模糊性与再融资情形具有相似的效果。此外，Choquet-Brownian 模糊性降低了信贷比率。

　　总之，本研究的结果揭示了公司信念中的一些偏见对公司的投资、融资和风险管理具有影响。本书的研究表明感知模糊性是公司行为金融的重要决定因素，并且显著影响公司的决策。

第4章　公司财务柔性适度性实证检验

4.1　引言

随着经济全球化、互联网技术和信息化的不断发展，国内外经济环境不断变化，企业面临的竞争性、不确定性也日益加剧。为了应对充满不确定性的环境，越来越多的学者开始涉足公司财务柔性领域。当前关于公司财务柔性的研究，一方面，是基于某一种或两种财务柔性的获取方式对财务柔性进行研究，缺乏对于财务柔性的综合研究，如孟鹏（2013）在其研究中仅从超额现金持有的角度来研究财务柔性；王文斌（2016）在其对财务柔性的研究中也只考虑了现金持有与资本结构两个角度；王满等（2016）从现金和负债两个角度分析财务柔性对过度投资的作用机理。另一方面，替代和互补效应在已有的研究中已经广泛涉及，如卢兴杰等（2010）研究了股权融资与债务融资之间的替代互补效应；肖利平和谢丹阳（2016）研究了国外技术引进与本土创新增长之间的替代互补效应。但是关于财务柔性各种获取方式之间的替代效应和互补效应的研究仍然缺乏。董理和茅宁（2013）在其研究中探讨了剩余负债能力对公司股利支付的影响，但也只是研究了对股利支付与公司成熟度之间关系的影响。

本研究将公司的现金持有、负债、股利支付置于统一的框架中，建立联立方程模型，在从多角度考虑财务柔性获取方式的同时，探讨各种财务柔性获取方式之间的替代互补效应，显著区别于传统研究所采用的单个计量方程模型，有助于丰富公司财务柔性的相关研究。

尽管目前国内外关于模糊的文献有很多，但是针对模糊与财务柔性关系的研究较少。因此本研究也将个体模糊性、行业模糊性和宏观模糊性加入联立方程模型中来研究其对公司财务柔性的影响，以此扩充这一领域的文献。

本研究以 2007~2017 年中国上市公司数据为研究样本，发现现金、负债和股利支付两两之间存在明显的替代效应；模糊性的加入对于公司财务柔性具有显著影响；公司面临的融资约束程度或者行业集中度程度不同，也会影响到公司的财务柔性决策。

4.2 理论分析与研究假设

财务柔性本质上是企业对于未来内部与外部环境一种积极的适应能力，也就是说，拥有财务柔性的企业希望在未来内部或者外部环境发生改变时能够依靠在资金上的灵活性来积极应对环境的变化，而避免环境的改变对自身的生产经营造成负面效应。所以，基于上述分析，财务柔性的根源来自企业或者环境的不确定性或者说模糊性。

4.2.1 模糊性与现金柔性

本研究关于模糊性的讨论主要从三个方面展开，即个体模糊性、行业模糊性和宏观模糊性。对于同一家公司，个体的模糊性恰好可以反映各家公司的经营状况以及市场对其的预期。当个体模糊性较低时，说明公司的各项信息披露较为完善，同时市场对于此类公司的认可度较高，也就是说此类公司属于"优质"公司，投资者是否投资于此类公司的意愿是较为明确的。当投资者愿意投资于此类公司时，会使得此类公司面临的融资约束较低。而作为公司来说，考虑到自身未来面临的融资约束较低，则不会持有较多的现金，因为持有额外的现金需要支付较高的成本；反之，若公司面临的个体模糊性较高时，可能是由于此类公司为掩盖其经营上的问题而对外选择性地披露信息，导致各分析师的预测由于信息不完善而产生分歧（本研究中的个体模糊正是通过分析师预测分歧程度的大小来反映），也可能是由于市场对于此类公司认可度不一致所导致。这种较大的个体模糊性会使得投资者在投资于这类公司时变得谨慎，使得这些公司在未来面临更大的融资约束，所以他们会持有更多的现金以应对未来的融资约束。陈艳等（2015）的研究结果表明，会计信息质量越高，分析师预测准确性越高。而洪剑峭等（2013）的研究结果则说明，分析师对业绩增长公司的预测分歧更小。基于此，本研究提出如下假设：

假设1a：个体模糊程度的增加会导致公司持有更多的现金。

而在行业模糊层面，若行业模糊性较大，则说明该行业的发展前景是模糊不清的。这种情况下，为维持市场的透明度，政府以及相关的金融机构可能会对这些行业当中的公司进行深入的调查与全面的监管，这又会使得公司在未来获得资金变得不那么容易。所以，当一家公司自身所处行业的行业模糊性较高时，可能会增加当前现金的持有量以应对未来融资所面临的约束。基于此，本研究提出如下假设：

假设1b：行业模糊程度的增加会导致公司持有更多的现金。

在宏观模糊层面上，每一家公司都是在特定的经济环境下运行，所以宏观经济的不确定性会直接影响到企业的经营绩效以及相关政策的制定。具体来说，当公司所处的宏观经济环境不确定性较大时，公司面临的外部风险会加大，未来盈利的不确定性会增加，出于预防性动机的需求，面临宏观经济不确定性的公司可能会增加当期的现金持有量以应对未来可能遭受的融资约束、盈利下降甚至于宏观经济波动造成的损失。邓曦东和陈俊飞（2015）的研究也表明，宏观经济的不确定性会使得公司显著增加其现金持有水平。基于此，本研究提出如下假设：

假设1c：宏观模糊程度的增加会导致公司持有更多的现金。

4.2.2 模糊性与负债柔性

在公司财务柔性的研究当中，负债柔性是另一个非常重要的方面。在现金不足时，公司可以通过债务融资的方式获得短期或者长期的流动性以从事正常的经营活动，但是公司取得债务融资或者说获得负债柔性会承担一定的成本，这种成本的高低与公司面临的不确定性紧密相关。具体而言，当个体模糊性较大时，会使得市场其余参与者对该公司的经营状况和盈利能力产生质疑，从而导致公司在获得负债柔性时面临较大的融资成本，公司被迫降低负债融资的比率。基于此，本研究提出如下假设：

假设 2a：当个体模糊增加时，公司会降低其负债比率。

而由于本研究对于行业模糊的度量是对个体模糊求平均，所以行业模糊对于公司负债水平应该具有相同影响。基于此，本研究提出如下假设：

假设 2b：当行业模糊增加时，公司会降低其负债比率。

当宏观模糊性增加时，也就是 GDP 波动水平增加时，管理层觉得未来经济形势的不确定性会导致公司的相关投资产生不确定的回报，所以他们可能不太愿意将自己手中确定性的资金去投入到一种回报不确定的投资当中；反之，他们可能更愿意通过银行负债或者发放公司债券的方式来筹集资金，以投入到未来的生产经营当中去。江少波（2017）的研究表明，企业所面临的不确定性程度越高，非效率投资越严重，主动负债率越高。但是反过来，银行或者公众在面临经济的不确定性时，会更加谨慎地向公司企业注入资金，其中一个表现就是向公司索要更高的利息作为不确定性的补偿，这会使公司融资约束程度增加从而限制其负债比率，所以宏观经济的不确定性对于公司负债率的影响是双向的。基于此，本研究提出如下假设：

假设 2c：当宏观模糊性增加时，公司的负债比率可能增加也可能下降。

4.2.3　模糊性与股利支付柔性

公司之所以发放现金股利，一方面是为了获取再融资资格，另一方面是为了进行更为有效的收益分配。公司在发放股利时，可以降低每股市价，促进股票的交易和流通，同时发放股利很重要的一个作用是可以向社会公众传递公司未来良好发展前景的信息，从而吸引更多的投资者。但是环境的不确定性可能会对公司的股利支付政策产生影响。具体而言，当投资者看到各分析师对于某一公司盈利情况做出差异化程度较大的预测时，他们会觉得该公司的发展前景不明朗，从而会减少对于此类公司的投资，而这会导致公司从外部获得的资金减少。同时，公司发展前景的不明朗也会使得公司面临更为严重的融资约束，融资约束程度的增加在迫使公司增加其现金持有的同时又会要求其以减少股利支付作为增加现金水平的补充。徐寿福等（2016）的研究表明，融资约束程度越高的公司现金股利分配意愿越弱，股利分配水平也越低。鉴于此，公司可能会适当减少股利支付水平来节约公司现金，以便应对未来的经营性需求。基于此，本研究提出如下假设：

假设 3a：个体模糊增加会使得公司适当降低其股利支付水平。

同样由于本研究对于行业模糊的度量是对个体模糊求平均，所以本研究假设行业模糊对于公司股利支付具有和个体模糊相同的影响。基于此，本研究提出如下假设：

假设 3b：行业模糊增加会使得公司适当降低其股利支付水平。

当宏观模糊性增加时，公司可能考虑到未来经营活动所面临的外部环境不确定性会导致其无法获得稳定的收益，所以处于较大不确定性环境中的公司在持有较多现金的同时也会降低股利支付水平，以作为现金的补充。雷光勇等（2015）研究了政治不确定性与股利政策之间的关系，发现政治不确定性的存在会导致原先不发放股利的公司更加不愿意发放股利，同时使得其余公司显著降低股利支付的强度。基于此，本研究提出如下假设：

假设 3c：宏观模糊程度的增加会使得公司的股利支付水平降低。

4.2.4 融资约束、行业集中度对于公司财务柔性的影响

融资约束的存在源自资本市场的不完善、公司信息不对称以及代理问题的存在。当公司面临比较严重的融资约束时，会提高其在未来获得外部融资的成本，所以这种情况下公司更倾向于采取内部融资的方式获取资金而不是外部渠道，例如通过负债获得融资，这就会要求公司保持较高的现金持有水平以应对未来的融资困境。同时，作为现金的补充，该公司会同时降低股利支付水平。谭艳艳等（2013）的研究表明，融资约束与超额现金持有呈正相关关系。而徐寿福等（2016）的结果表明融资约束程度越高的公司现金股利分配意愿越弱。基于此，本研究提出如下假设：

假设 4a：融资约束程度的增加会提高公司现金持有水平，降低负债融资水平，减少股利支付比例。

从行业集中度的视角来看，行业的集中与分散决定了行业竞争程度的高低，其通过影响企业的资源与信息分布、风险与行为选择来影响企业的财务及经营战略。企业不仅要衡量现金的持有价值，同时还要考虑企业所持有的现金是否可以帮助企业取得在行业竞争上的优势。如果企业处于竞争激烈的行业

中，为了不被整个行业所淘汰，企业势必要不断地进行技术革新，降低生产成本，提高经营效率，持续开发新产品，也就是必须持有足够的现金以应对生产技术革新的要求。从某种意义上来说，行业竞争的加剧使得企业经营环境不确定性增强。而垄断行业的产品更新换代的压力较小，经营风险主要是市场需求不足，而非竞争，销售商品或提供服务的价格相对稳定，收益现金流的波动性也不大，环境不确定性较弱。可见，当行业集中度较低时，公司会增加其现金持有量。当公司决定增加其现金持有量时，作为持有现金的补充，公司通常也会维持较低的负债并降低股利支付。基于此，本研究提出如下假设：

假设 4b：行业集中度低的公司会持有更多的现金，并保持更低的负债率与股利支付率。

4.2.5　现金、负债以及股利支付之间的关系

现金、负债和股利支付作为财务柔性的三个主要方面，具有相互制约，此消彼长的关系。

根据财务理论，现金和负债都可以为公司未来的投资活动提供更大的空间，当公司持有现金较多时，可以减少负债，用所持有的现金来满足投资的需求；而当公司持有较少现金同时面临较大的投资机会时，可以通过负债来筹措资金，满足投资需求。也就是说，现金和负债在该层面存在相互替代的效应。韩忠雪等（2012）的实证研究结果表明，现金与负债之间确实存在着一定的替代关系。但当企业面临的投资机会较多时，企业也可能通过增加现金持有的同时增加负债来抓住投资机会，此时现金和负债之间存在互补效应。

对于现金和股利支付而言，股利支付是公司分红的一种方式，通常用现金股利的形式发放，这就是说，发放现金股利会导致公司的现金减少。所以，当公司需要较多的现金时可以适当地减少股利发放，反之可以增加股利发放，即现金与股利存在着一定的替代关系。但当未来的投资机会较少且财务风险较大时，企业也可能一方面持有较多的现金应对财务风险，另一方面增加股利支付回报投资者，此时现金与股利之间存在一定的互补效应。

由于现金与负债存在着替代或互补关系，而且现金和股利支付也存在着替代或互补关系，所以本研究认为，负债和股利支付之间的关系也可能是相互替

代或互补的。在这一方面，直接研究公司负债与股利支付之间关系的文献比较少，董理和茅宁（2013）的研究表明，公司剩余负债能力的不同会影响到公司成熟度，进而导致不同的股利支付水平。据此，本研究提出：

假设5：公司的现金、负债、股利支付之间存在互相替代或者互补的关系。

4.3 研究设计

4.3.1 样本选择与数据来源

本研究以沪深两市A股上市公司2007～2017年数据为研究样本，剔除金融保险类公司、ST公司及数据缺失的公司。对所使用连续变量处于0～1%以及99%～100%的样本进行了Winsorize处理，以消除极端值的影响。此外，本研究中的每个变量均去除了个体效应，即用每个变量的样本观测值减去每家公司每个指标对所有年份所求的平均值。本研究所使用的套期保值数据通过手工从上市公司年报附注中搜集获得，度量模糊所使用的各家机构对公司的每股收益预测数据来自于锐思金融数据库，其他数据来自Wind数据库。数据处理工作采用STATA完成。

4.3.2 模型设计与变量说明

1. 模型设计

本研究中主要的模型为三个方程的联立方程模型：

现金方程：

$$Cash_{i,t} = \alpha_0 + \alpha_1 Debt_{i,t} + \alpha_2 Div_{i,t} + \alpha_3 Ambiguity_{i,t} + \alpha_4 HyAmbiguity_{i,t} +$$
$$\alpha_5 HggAmbiguity_{i,t} + \alpha_6 AC_{i,t} + \alpha_7 HHI_{i,t} + \alpha_8 Ac1zczz_{i,t} + \alpha_9 Ac2qt_{i,t} + \alpha_{10} Creditline_{i,t} +$$
$$\alpha_{11} Hedge_{i,t} + \alpha_{12} Assetsale_{i,t} + \alpha_{13} Size_{i,t} + \alpha_{14} CF_{i,t} + \alpha_{15} NWC_{i,t} + \alpha_{16} Tobin's Q_{i,t} +$$
$$\alpha_{17} CapEx_{i,t} + \alpha_{18} \beta_{i,t} + \alpha_{19} Sxzyq_{i,t} + \alpha_{20} Sxdyq_{i,t} + \alpha_{21} HR1_{i,t} + \alpha_{22} HR5_{i,t} + \alpha_{23} INR_{i,t} +$$
$$\alpha_{24} Bosize_{i,t} + \alpha_{25} ROA_{i,t} + \alpha_{26} FDL_{i,t} + \varepsilon \tag{4.1}$$

负债方程：

$$Debt_{i,t} = \alpha_0 + \alpha_1 Cash_{i,t} + \alpha_2 Div_{i,t} + \alpha_3 Ambiguity_{i,t} + \alpha_4 HyAmbiguity_{i,t} +$$
$$\alpha_5 HggAmbiguity_{i,t} + \alpha_6 AC_{i,t} + \alpha_7 HHI_{i,t} + \alpha_8 AssetEquilty_{i,t} + \alpha_9 Tang_{i,t} +$$
$$\alpha_{10} Creditline_{i,t} + \alpha_{11} Hedge_{i,t} + \alpha_{12} Assetsale_{i,t} + \alpha_{13} Size_{i,t} + \alpha_{14} CF_{i,t} + \alpha_{15} NWC_{i,t} +$$
$$\alpha_{16} Tobin'sQ_{i,t} + \alpha_{17} CapEx_{i,t} + \alpha_{18}\beta_{i,t} + \alpha_{19} Sxzyq_{i,t} + \alpha_{20} Sxdyq_{i,t} + \alpha_{21} HR1_{i,t} +$$
$$\alpha_{22} HR5_{i,t} + \alpha_{23} INR_{i,t} + \alpha_{24} Bosize_{i,t} + \alpha_{25} ROA_{i,t} + \alpha_{26} FDL_{i,t} + \varepsilon \qquad (4.2)$$

股利支付方程：

$$Div_{i,t} = \alpha_0 + \alpha_1 Cash_{i,t} + \alpha_2 Debt_{i,t} + \alpha_3 Ambiguity_{i,t} + \alpha_4 HyAmbiguity_{i,t} +$$
$$\alpha_5 HggAmbiguity_{i,t} + \alpha_6 AC_{i,t} + \alpha_7 HHI_{i,t} + \alpha_8 FM_{i,t} + \alpha_9 Creditline_{i,t} + \alpha_{10} Hedge_{i,t} +$$
$$\alpha_{11} Assetsale_{i,t} + \alpha_{12} Size_{i,t} + \alpha_{13} CF_{i,t} + \alpha_{14} NWC_{i,t} + \alpha_{15} Tobin'sQ_{i,t} + \alpha_{16} CapEx_{i,t} +$$
$$\alpha_{17}\beta_{i,t} + \alpha_{18} Sxzyq_{i,t} + \alpha_{19} Sxdyq_{i,t} + \alpha_{20} HR1_{i,t} + \alpha_{21} HR5_{i,t} + \alpha_{22} INR_{i,t} + \alpha_{23} Bosize_{i,t}$$
$$+ \alpha_{24} ROA_{i,t} + \alpha_{25} FDL_{i,t} + \varepsilon \qquad (4.3)$$

2. 变量设计

（1）内生变量

本研究的内生变量包括现金持有、负债、股利支付。其中现金持有以货币资金与年末总资产之比来表示；负债以总负债与年末总资产之比来表示；股利支付以现金股利与净利润之比来表示，以下对三个内生变量做更为详细的说明：

现金：现金作为企业中流动性最强和收益性最差的资产，其持有水平一直是现代公司金融与财务管理领域研究中一个重要的理论和实践问题。为了保持一定的流动性，企业必须持有一定量的现金，以便用于日常的经营活动、投资活动等。但作为收益性最差的资产，持有现金会降低企业的总收益水平。另外，持有现金还会发生代理成本。因此，现金持有量的确定成为企业面临的一个重要难题。因此，本研究对于财务柔性的研究首先会考察各个因素对于公司现金持有的影响。

负债：中国经济增长的高投入、高负债特征，导致企业负债规模以前所未有的速度增长。鉴于企业负债率对于经济的重要影响，越来越多的学者开始研究企业负债的特征，以及影响企业负债率的因素和它与企业价值的关系。钟永红等（2014）研究了企业属性，行业集中度对上市公司负债率的影响，并发现企业资本结构与企业所处行业的行业集中度之间必然存在某种关系。此外，负债作为度量公司财务柔性的一个重要指标，对财务柔性有重要的影响，所以理应纳入本研究的模型当中。

股利支付：股利支付政策及股利支付率是公司财务决策的重要组成部分，可以视为留存收益和投融资所需现金之间的一种平衡，因此与公司融资决策、投资决策密切相关。本研究主要关注股利支付率对公司财务柔性的影响，也就是主要考察股利支付率与现金之间的关系，以及个体、行业和宏观模糊对于股利支付率的影响。其他对于公司股利政策的影响因素将作为控制变量引入方程，同现金与负债方程。

（2）解释变量及特质变量

本研究主要解释变量包括个体模糊、行业模糊和宏观模糊变量，融资约束、行业集中度、现金方程、负债方程和股利方程中的特质变量等。

对于本研究模型中的模糊变量，本研究从三个层面度量了模糊，分别为企业个体的模糊、行业的模糊和宏观的模糊。根据曲等（Qu et al.，2003）所提出的方法，本研究使用各家机构对公司的每股收益预测的标准差与均值的比值来度量企业个体的模糊，并采用行业内各公司的模糊值的平均值来度量行业的模糊。关于宏观模糊的度量，本研究运用 GARCH（1，1）模型度量中国季度实际 GDP 变化率的条件方差，先进行一阶自回归分析，然后通过 GARCH（1，1）得到条件方差作为中国宏观经济模糊度量指标。

AC 指数：融资约束指数，融资约束主要是指企业由于信息不对称问题和代理问题而产生的外部融资成本高于内部融资成本的现象，会对企业的融资行为产生影响。本研究参照哈德洛克和皮尔斯（Hadlock & Pierce，2010）提出的 AC 指数方法来测量企业的融资约束程度，一般来说，企业的融资约束程度越高，企业将会持有更多的现金，同时降低股利支付率和负债率。

本研究按照哈德洛克和皮尔斯（2010）的 AC 指数计算公式：$-0.737 \times$ Size $+0.043 \times$ Size$^2 - 0.04 \times$ Age，计算了每家公司各个观测年度的 AC 指数，并且按照指数大小（融资约束程度的轻重），将公司样本分为三类，即融资约束程度高、中、低。去除个体效应后描述性统计结果见表 4-1：

表 4-1　　　　　　　　融资约束描述性统计

变量名称	样本数量	平均值	标准差	最小值	最大值
AC	16860	0.0010528	0.3212168	-0.9090909	0.875

HHI 指数：在行业层面，行业集中度是反映公司性质的一个重要的方面，衡量行业集中度时，有两种主要的方法，分别是行业集中率（CRn）指数和赫芬达尔指数（HHI），本研究采用赫芬达尔指数（HHI）来衡量行业集中度。

本研究首先将每家公司各个年度的年末总资产除以公司所在行业的总资产，得到一个百分数，再计算每个行业里面每个公司的百分数的平方，之后，将每个行业里面所有公司的平方和即 HHI 指数乘以 10000，最后和 1000 进行比较，大于等于 1000 是垄断，小于 1000 则是竞争。

现金方程中加入的特质变量为第一类代理成本与第二类代理成本；负债方程中的特质变量为资产质量与资产有形性；股利支付方程中的特质变量为公司成熟度。

（3）控制变量

本研究的主要控制变量包括资产出售、银行授信额度虚拟变量、套期保值虚拟变量。此外，参考杨兴全等（2014），本研究分别选取了公司规模、经营现金流、盈利能力、托宾 Q、净现金流、资本支出、净营运资本作为模型的控制变量。其中，Ln（Size）代表公司规模，以总资产的自然对数表示；CF 为经营现金流，等于净利润与固定资产折旧、无形资产摊销之和除以期初总资产；NWC 表示净营运资本，等于流动资产减去现金和流动负债再除以总资产；CapEx 为资本性支出，等于构建固定资产、无形资产以及其他长期资产所支付的现金净额。关于模型中公司治理层面的控制变量，本研究选取了第一大股东持股比例 HR1，前五大股东持股比例 HR5，独立董事比例 INR，以及董事会规模 Bosize。公司属性用 Sxzyq 和 Sxdyq 两个虚拟变量来表示。当公司为中央国有企业时，Sxzyq 取值为 1，否则为 0。当公司为地方国有企业时，Sxdyq 取值为 1，否则为 0。资产出售以处置固定资产、无形资产和其他无形资产收回的金额和处置子公司收回的金额之和与年末总资产之比；银行授信额度用虚拟变量表示，当公司当年在锐思银行授信额度数据库中有数据时，则认为该公司当年有银行授信额度，虚拟变量取值为 1，否则为 0；套期保值也用虚拟变量表示，当公司当年财务报表附注所披露的衍生金融工具的更新时间等于该年时，则认为该公司当年存在套期保值，虚拟变量取值为 1，否则为 0。地区金融发展水平用 FDL 指数表示，通过计算出各个地区金融机构存贷款余额年度数据与该地区同年度名义 GDP 的比值，以此测度地区金融发展水平，即为 FDL 指数。具体变量定义见表 4 - 2。

表 4 - 2 变量设计

变量类型	变量名称	变量符号	变量定义
内生变量	现金持有	Cash	货币资金/年末总资产
	负债	Debt	总负债/年末总资产
	股利支付	Div	现金股利/净利润
解释变量及特质变量	公司个体模糊	Ambiguity	当年预测机构数大于三家的公司中，所有机构对该公司的每股收益预测的标准差/各家机构对公司的每股收益预测的均值
	行业模糊	HyAmbiguity	该公司所处行业内所有公司模糊值的均值
	宏观模糊	HggAmbiguity	使用 GARCH (1, 1) 模型度量中国季度实际 GDP 变化率的条件方差
	融资约束	AC	AC = 0，表示融资约束低的公司，AC = 1，表示融资约束中的公司，AC = 2，表示融资约束高的公司
	行业集中度	HHI	赫芬达尔指数虚拟变量，1 表示垄断，0 表示竞争
	代理成本	Ac1zczz	主营业务收入/年末总资产
		Ac2qt	其他应收账款/年末总资产
	资产质量	AssetEquilty	Ln（主营业务收入/年末总资产）
	资产有形性	Tang	货币资金/年末总资产 + 0.715 ×（应收账款/年末总资产）+ 0.547 ×（存货/年末总资产）+ 0.535 ×（固定资产/年末总资产）
	公司成熟度	FM	保留盈余/所有者权益
控制变量	银行授信额度	Creditline	授信额度虚拟变量，公司获得授信额度时为 1，否则为 0
	套期保值	Hedge	套期保值虚拟变量，公司进行套期保值时为 1，否则为 0
	资产出售	Assetsale	（处理固定资产、无形资产和其他无形资产收回的金额 + 处置子公司收回的金额）/年末总资产
	公司规模	Size	Ln（年末总资产）
	经营现金流	CF	经营性净现金流/年初总资产
	净营运资本	NWC	（流动资产 - 现金 - 流动负债）/年末总资产
	公司价值	Tobin's Q	年末市场价值/年末总资产

续表

变量类型	变量名称	变量符号	变量定义
控制变量	资本支出	CapEx	构建固定资产、无形资产和其他长期资产所支付的现金净额
	公司风险	β	公司的 β 值
	公司属性	Sxzyq	当公司为中央国有企业时为1，否则为0
		Sxdyq	当公司为地方国有企业时为1，否则为0
	公司治理	HR1	第一大股东持股比例
		HR5	前五大股东持股比例
		INR	独立董事比例
		Bosize	董事会人数
	盈利能力	ROA	息税前利润/年末总资产
	地区金融发展水平	FDL	各个地区金融机构存贷款余额年度数据与该地区同年度名义 GDP 的比

4.4 实证分析

4.4.1 描述性统计

本研究的描述性统计结果见表 4 - 3：

表 4 - 3 描述性统计

变量名称	样本数量	平均值	标准差	最小值	最大值
Cash	9680	0.2039367	0.1434018	0.0166885	0.6736081
Debt	9680	0.438311	0.1990851	0.051489	0.872173
Div	9680	0.280044	0.2182338	0	0.902859
Ambiguity	9680	0.249993	0.2862005	0.0196	2.1905
HyAmbiguity	9680	0.3519283	0.4342139	0.0752333	3.403439
HggAmbiguity	9680	0.013812	0.0034351	0.0080812	0.0195179
AC	9680	1.44876	0.6403282	0	2
Ac1zczz	9680	0.7665121	0.5008381	0.0811	2.7708

变量名称	样本数量	平均值	标准差	最小值	最大值
Ac2qt	9680	0.014122	0.0198609	0.0001301	0.1486453
AssetEquilty	9680	−0.5245545	0.8030226	−3.25429	2.23472
Tang	9680	0.490448	0.1246515	0.1550966	0.8021258
FM	9680	0.3456325	0.1531067	0.0278039	0.7443878
HHI	9680	0.3844008	0.4864784	0	1
Creditline	9680	0.1394628	0.3464467	0	1
Hedge	9680	0.0719008	0.258337	0	1
Assetsale	9680	0.0035967	0.0113647	0	0.1077418
CF	9680	0.1109159	0.095582	−0.086888	0.7507372
NWC	9680	0.0264617	0.2359707	−1.211218	0.5356504
ROA	9680	0.0757232	0.0496222	−0.12673	0.24207
Size	9680	22.28672	1.193812	19.80136	25.55237
Tobin's Q	9680	2.426999	2.495758	0.1346466	16.83856
HR1	9680	0.3761658	0.1555973	0.0927	0.759
HR5	9680	0.5475004	0.1483092	0.2001	0.8596
CapEx	9680	0.0708605	0.0777339	0.000182	0.567673
Sxzyq	9680	0.1408058	0.3478391	0	1
Sxdyq	9680	0.2751033	0.4465894	0	1
FDL	9680	3.194601	1.399895	1.518885	7.378933
β	9680	1.082911	0.4934891	−0.1624	2.5889
Bosize	9680	11.63688	3.721566	5	24
INR	9680	0.3640821	0.0934699	0.1579	0.625

从上述描述性统计的结果可以看出，本节一共获得了9680个统计样本，现金这一变量的最大值和最小值分别约为0.674与0.017，平均值为0.204左右，即样本企业货币资金最多占年末总资产的67%，最少占1%，各企业货币资金平均占年末总资产的20%左右。从对负债这一变量的统计结果中可以看到，各企业平均的负债总额将占到年末总资产的44%，企业平均具有适度的负债，但企业间表现出较大的差异。样本公司平均支付28%的现金股利。

从控制变量方面来看，融资约束AC的均值为1.45，最大值为2，说明企业的融资约束程度较为严重；公司成熟度FM的最小值为0.028，最大值为

0.744，说明样本公司的成熟度有高有低，覆盖范围广。资本支出 CapEx 的平均值为 0.071，最大值为 0.568，最小值为 0.0002，各企业之间存在显著差异。经营现金流 CF 的平均值为 0.111，最小值为 - 0.087，说明有的企业的经营现金流为负。盈利能力 ROA 的平均值为 0.076，最大值为 0.242，最小值为 - 0.127，说明存在一部分亏损企业。公司第一大股东持股比例和前五大股东持股比例的均值分别为 0.376 和 0.548，这说明公司大股东持股比例较高，前五大股东基本持有一半以上的股权。公司规模 Size 的平均值为 22.287，最大值为 25.552，最小值为 19.801，说明我国各上市公司的规模普遍比较大。套期保值 Hedge 与信用额度 Creditline 均为虚拟变量。套期保值 Hedge 平均值为 0.072，说明进行套期保值的上市公司数量较少。信用额度 Creditline 平均值为 0.140，说明少部分上市公司取得了银行授信额度。资产出售 Assetsale 的平均值为 0.004，这说明我国上市公司资产出售普遍较低。

4.4.2　多元回归分析

本研究对所有样本按照之前建立的联立方程模型进行回归，最后得到结果见表 4 - 4：

表 4 - 4　　　　　回归结果

变量	Cash	Debt	Div
Cash		0.140 * (0.074)	0.154 *** (0.027)
Debt	2.589 *** (0.380)		- 0.543 *** (- 0.0741)
Div	5.887 *** (0.557)	- 1.608 *** (- 0.146)	
Ambiguity	0.269 *** (0.0355)	- 0.0728 *** (- 0.00955)	- 0.0456 *** (- 0.00532)
HyAmbiguity	- 0.0424 ** (- 0.0185)	0.0113 ** (0.00514)	0.00699 * (0.00397)

变量	Cash	Debt	Div
HggAmbiguity	− 4. 233	1. 156	0. 727
	(− 2. 776)	(0. 772)	(0. 608)
AC	0. 212 ***	− 0. 0601 ***	− 0. 0412 ***
	(0. 0552)	(− 0. 0153)	(− 0. 0117)
HHI	− 0. 0761 ***	0. 0188 **	0. 0123 **
	(− 0. 0264)	(0. 00742)	(0. 00566)
Ac1zczz	0. 0161 ***		
	(0. 00488)		
Ac2qt	0. 435 **		
	(0. 188)		
AssetEquilty		0. 0102 **	
		(0. 00470)	
Tang		0. 0864	
		(0. 0708)	
FM			− 0. 00316 *
			(− 0. 00180)
Creditline	− 0. 107 ***	0. 0328 ***	0. 0198 ***
	(− 0. 0317)	(0. 00837)	(0. 00663)
Hedge	0. 0361	− 0. 00546	− 0. 00430
	(0. 0440)	(− 0. 0122)	(− 0. 00965)
Assetsale	3. 208 ***	− 0. 834 ***	− 0. 543 ***
	(0. 766)	(− 0. 210)	(− 0. 154)
Size	− 0. 0754 ***	0. 0343 ***	0. 0145 ***
	(− 0. 0254)	(0. 00789)	(0. 00546)
CF	0. 687 ***	− 0. 201 ***	− 0. 125 ***
	(0. 120)	(− 0. 0314)	(− 0. 0244)
NWC	0. 0350 *	− 0. 0155 ***	− 0. 00801 **
	(0. 0186)	(− 0. 00478)	(− 0. 00408)
Tobin's Q	0. 0126 **	− 0. 00384 ***	− 0. 00230 **
	(0. 00508)	(− 0. 00139)	(− 0. 00109)
CapEx	− 0. 368 ***	0. 117 ***	0. 0680 ***
	(− 0. 119)	(0. 0331)	(0. 0256)

续表

变量	Cash	Debt	Div
β	0.00234	−0.00130	−0.000642
	(0.0106)	(−0.00291)	(−0.00232)
Sxzyq	−0.0145	0.00459	0.00430
	(−0.0850)	(0.0236)	(0.0186)
Sxdyq	0.150**	−0.0355*	−0.0233
	(0.0732)	(−0.0202)	(−0.0156)
HR1	−0.869***	0.274***	0.164***
	(−0.193)	(0.0489)	(0.0395)
HR5	−0.415***	0.0994**	0.0637**
	(−0.159)	(0.0435)	(0.0321)
INR	−0.222*	0.0474	0.0348
	(−0.135)	(0.0377)	(0.0296)
Bosize	0.00984**	−0.00247	−0.00159
	(0.00457)	(−0.00126)	(−0.000975)
ROA	−0.254	−0.0595	0.00788
	(−0.276)	(−0.0745)	(0.0607)
FDL	0.0365	−0.0180*	−0.00932
	(0.0370)	(−0.00988)	(−0.00814)
Constant	−0.0550***	0.0148***	0.00930***
	(−0.0118)	(0.00322)	(0.00230)

注：标准误 ***p<0.01，**p<0.05，*p<0.1。

表4-4中的Cash、Debt、Div列回归结果分别对应联立模型中的现金方程、负债方程以及股利支付方程。

从回归的结果可以看到，对于现金方程来说，个体模糊变量之前的系数为正并且显著，说明个体模糊性的增加会使得公司的现金持有量增加。在负债和股利支付列，个体模糊性变量前面的系数均为负并且显著，说明个体模糊性会使得负债与股利支付减少。据此，假设1a、假设2a、假设3a得以验证。

行业模糊对现金有负向影响，对负债与股利支付有正向影响，并且均显著，前者与前文提出的假设1b、假设2b、假设3b相反。这可能是由于行业模糊测度的是单个公司所处的整个行业的大环境（部分代表宏观经济环境），所以行业模糊性的增加对所有公司同时发挥作用，单个公司没有必要认为这种冲击只会对自身造成影响，所以它们并不会显著增加其现金持有来应对行业模糊性的增加，同时其可能增加负债和股利支付来避免财务危机损失。对于用 GDP 测度的宏观模糊变量来说，宏观模糊变量无论是对现金、负债还是股利支付的回归结果都不显著，说明宏观模糊对于现金、负债以及股利支付不具有解释力（可能由于企业更注重行业的影响，因而宏观效应部分被行业效应吸收），也就是我们无法验证我们提出的假设 1c、假设 2c 及假设 3c。

在融资约束方面本研究提出的假设是融资约束与公司现金持有量正相关，与股利支付与负债负相关。从实证结果中可以看到，融资约束 AC 指数在现金方程中的系数为正且显著，说明融资约束对于现金有正向的影响；而 AC 指数在负债与股利支付方程中的系数为负且显著，说明融资约束对于负债与股利支付有负向的影响，从而验证了假设 4a。

在行业集中度方面，回归结果中的 HHI 变量代表行业集中度，可以看到，在现金方程中，HHI 变量前的系数为负并且显著，说明行业集中度对公司现金持有具有反向的影响，在负债和股利支付方程中，HHI 变量前的系数为正且显著，说明行业集中度对公司负债和股利支付具有正向影响，这与本研究的假设 4b 相同。这是由于行业集中度越低时，公司为了满足市场竞争的需求，需不断地进行技术革新，所以他们储备大量的现金来维持竞争优势。同时，行业集中度较低的企业也会通过储备负债柔性（较低的负债）和支付较少的股利来满足未来的竞争需求。而行业集中度较高时，由于公司处于相对垄断地位而面临较低的竞争压力，公司可以持有较少的现金和较高的负债来节约财务成本，同时也可以通过支付较多的现金股利回报投资者。

对于现金、负债与股利支付三者之间的关系，如果说现金与负债是同向的关系，那么针对财务柔性两者之间的关系则是替代的，从回归结果可以看到，现金方程中负债前面的系数为正而且显著，说明现金与负债之间存在替代关系，同理，接下来通过回归系数的正负考察现金与股利支付以及股利支付与负债之间的关系后，可以发现现金和股利、股利和负债也存在替代关系。所以，现金、负债以及股利支付三者之间两两存在相互替代的关系。

4.5　稳健性检验

本研究通过替换公司个体模糊数据进行两组稳健性检验，以此验证所提出的假设。第一组是将对公司的每股收益的预测机构数量由最少 3 家更改为最少 5 家，第二组是将当年预测本年的每股收益数据更改为当年预测下年的每股收益数据来度量公司个体模糊，实证结果见表 4 − 5：

表 4 − 5　　　　　　　　　　　稳健性检验结果

	(1) ＞5 家			(2) 当年数据预测下年		
	Cash	Debt	Div	Cash	Debt	Div
Cash		0.150 *	0.132 ***		0.0561	0.176 ***
		(0.0798)	(0.0257)		(0.0769)	(0.0193)
Debt	2.902 ***		− 0.535 ***	2.164 ***		− 0.489 ***
	(0.375)		(− 0.0660)	(0.285)		(− 0.0659)
Div	6.604 ***	− 1.668 ***		5.273 ***	− 1.487 ***	
	(0.625)	(− 0.177)		(0.346)	(− 0.131)	
Ambiguity	0.335 ***	− 0.0834 ***	− 0.0506 ***	3.67e − 06 ***	− 1.09e − 06 ***	− 6.86e − 07 **
	(0.0461)	(− 0.0131)	(− 0.00675)	(1.26e − 06)	(− 3.51e − 07)	(− 3.01e − 07)
HyAmbiguity	− 0.0377 *	0.00962 *	0.00564	1.70e − 05	− 5.18e − 06 *	− 3.36e − 06
	(− 0.0204)	(0.00577)	(0.00419)	(− 1.12e − 05)	(− 2.90e − 06)	(− 2.75e − 06)
HggAmbiguity	− 6.715 **	1.739 *	1.049	− 4.224 **	1.079 **	0.804
	(− 3.213)	(0.914)	(0.664)	(− 2.088)	(0.548)	(0.512)
AC	0.168 ***	− 0.0440 **	− 0.0299 **	0.284 ***	− 0.0926 ***	− 0.0593 ***
	(0.0624)	(− 0.0185)	(0.0129)	(0.0410)	(− 0.0120)	(− 0.00957)
HHI	− 0.0822 ***	0.0187 **	0.0117 *	− 0.0673 ***	0.0179 ***	0.0124 ***
	(− 0.0304)	(0.00881)	(0.00622)	(− 0.0194)	(0.00518)	(0.00471)
Ac1zczz	0.0169 ***			0.00980 **		
	(0.0060)			(0.00436)		
Ac2qt	0.411 **			0.304 ***		
	(0.164)			(0.115)		

续表

	(1) >5 家			(2) 当年数据预测下年		
	Cash	Debt	Div	Cash	Debt	Div
AssetEquilty		0.00826			0.0114***	
		(0.00522)			(0.00425)	
Tang		0.0565			0.168*	
	(0.0851)				(0.0871)	
FM			-0.00935***			-0.0172***
			(-0.00323)			(-0.00361)
Creditline	-0.120***	0.0340***	0.0199***	-0.129***	0.0398***	0.0256***
	(-0.0359)	(0.00978)	(0.00718)	(0.0243)	(0.00640)	(0.00568)
Hedge	-0.00105	0.00578	0.00248	0.0403	-0.00424	-0.00602
	(-0.0503)	(0.0142)	(0.0105)	(0.0338)	(-0.00879)	(-0.0083)
Assetsale	4.550***	-1.108***	-0.682***	3.143***	-0.805***	-0.596***
	(0.985)	(-0.279)	(-0.183)	(0.468)	(-0.131)	(-0.104)
Size	-0.120***	0.0426***	0.0200***	-0.0243	0.0221***	0.00582
	(-0.0305)	(0.00911)	(0.00612)	(-0.0178)	(0.00559)	(0.00438)
CF	0.819***	-0.225***	-0.132***	0.500***	-0.157***	-0.0984***
	(0.143)	(-0.0385)	(-0.0281)	(0.0775)	(-0.0194)	(-0.0186)
NWC	0.0609***	-0.0208***	-0.0111***	0.0321**	-0.0168***	-0.00754**
	(0.0211)	(-0.0055)	(-0.00431)	(0.0143)	(-0.00342)	(-0.00351)
Tobin's Q	0.000965	-0.000400	-0.000248	0.0251***	-0.00768***	-0.00497***
	(0.00565)	(-0.0016)	(-0.00118)	(0.00408)	(-0.00108)	(-0.00094)
CapEx	-0.290**	0.0874**	0.0492*	-0.402***	0.137***	0.0812***
	(-0.133)	(0.0378)	(0.0276)	(-0.0926)	(0.0262)	(0.0225)
β	0.0131	-0.00400	-0.00223	-0.00290	0.000245	0.000399
	(0.0126)	(-0.0036)	(-0.00263)	(-0.00744)	(0.00193)	(0.00183)
Sxzyq	0.0296	-0.00556	-0.00264	-0.0748	0.0175	0.0153
	(0.0979)	(-0.0279)	(0.0203)	(-0.0624)	(0.0163)	(0.0154)
Sxdyq	0.134	-0.0289	-0.0183	0.0124	0.00128	-0.000997
	(0.0852)	(-0.0241)	(0.0174)	(0.0492)	(0.0128)	(-0.0121)
HR1	-1.099***	0.308***	0.180***	-0.709***	0.244***	0.150***
	(-0.228)	(0.0605)	(0.0437)	(-0.133)	(0.0321)	(0.0317)

续表

	(1) >5 家			(2) 当年数据预测下年		
	Cash	Debt	Div	Cash	Debt	Div
HR5	− 0. 551 ***	0. 131 **	0. 0796 **	− 0. 344 ***	0. 0695 **	0. 0558 **
	(− 0. 189)	(0. 0530)	(0. 0359)	(− 0. 117)	(0. 0341)	(0. 0269)
INR	− 0. 334 **	0. 0727	0. 0474	− 0. 191 **	0. 0433 *	0. 0359
	(− 0. 159)	(0. 0455)	(0. 0329)	(− 0. 0974)	(0. 0254)	(0. 0240)
Bosize	0. 0118 **	− 0. 00276 *	− 0. 00171	0. 00980 ***	− 0. 00288 ***	− 0. 00187 **
	(0. 00540)	(0. 00153)	(0. 00109)	(0. 00324)	(0. 000860)	(0. 000779)
ROA	0. 161	− 0. 158 *	− 0. 0529	− 1. 507 ***	0. 264 ***	0. 266 ***
	(0. 315)	(− 0. 0871)	(− 0. 0657)	(− 0. 235)	(0. 0772)	(0. 0490)
FDL	0. 0347	− 0. 0169	− 0. 00804	0. 0357	− 0. 0225 ***	− 0. 00887
	(0. 0433)	(− 0. 0120)	(− 0. 00903)	(0. 0273)	(− 0. 00669)	(− 0. 0067)
Constant	− 0. 0823 ***	0. 0207 ***	0. 0124 ***	− 0. 0623 ***	0. 0171 ***	0. 0117 ***
	(− 0. 0128)	(0. 00365)	(0. 00205)	(− 0. 00855)	(0. 00259)	(0. 00182)

注: 标准误 *** $p < 0.01$, ** $p < 0.05$, * $p < 0.1$。

从回归结果可以看出, 在现金方程中, 两组稳健性检验中的个体模糊变量之前的系数都为正且显著。在负债和股利支付方程中, 两组稳健性检验中的个体模糊变量之前的系数都为负且显著。可见, 个体模糊的加入使得公司现金持有量增加, 负债和股利支付减少。假设 1 的结果稳健。

对于行业模糊和宏观模糊来说, 第一组稳健性检验的行业模糊对现金持有有负向的影响, 对于负债有正向的影响, 并且均显著, 两组稳健性检验的宏观模糊对现金持有有正向的影响, 对于负债有负向的影响, 并且均显著。与之前的结果基本一致。

在融资约束方面, 两组稳健性检验中的融资约束 AC 指数在现金方程中的系数为正且显著, 在负债与股利支付方程中的系数为负且显著, 说明融资约束对公司现金持有有正向影响, 对公司负债与股利支付有负向的影响。假设 4a 结果稳健。

在行业集中度方面, 两组稳健性检验的现金方程的 HHI 变量前的系数为负并且显著, 说明行业集中度对公司现金持有具有反向的影响, 两组稳健性检验的负债和股利支付方程的 HHI 变量前的系数为正并且显著, 说明行业集中度对公司负债和股利支付具有正向影响，假设 4b 结果稳健。

4.6　结论

本研究以我国 2007～2017 年沪深 A 股上市公司为研究样本，实证检验了个体模糊性对于公司财务柔性的影响、宏观不确定性对于公司财务柔性的影响、公司治理对于公司财务柔性的影响以及融资约束、行业集中度对于公司财务柔性的影响，得出以下结论：第一，个体模糊性的加入会使公司财务柔性增加。当加入个体模糊性后，公司的现金持有量增加，同时负债和股利支付率减少。第二，对于宏观不确定性对公司财务柔性影响的实证结果并不显著，说明宏观不确定性对公司的财务柔性不具有解释力。第三，融资约束越强，公司财务柔性越大。当融资约束增强时，公司的现金持有量会增加，负债和股利支付率会减少。第四，行业集中度越高，公司的财务柔性越小。当行业集中度提高时，公司的现金持有量会减少，负债和股利支付率会增加。第五，在公司财务柔性方面，现金、负债和股利支付三者之间两两存在相互替代关系。

第5章 基于残差信息的财务柔性指数与企业价值

5.1 引言

由于现实中资本市场的不完美，当不确定性事件发生时，企业往往很难以合适的价格从资本市场上获取所需的资金，此时，财务柔性（financial flexibility）的价值就凸显出来了。当公司存在资金缺口时，公司就可以动用已储备的财务柔性，通过现有的闲置资金或者临时举债快速筹集资金填补缺口。在现代企业的运营管理中，管理者越来越意识到财务柔性（即使企业保持一种"能屈能伸"的财务状况）的重要性。因此，企业需要通过保持一定的举债能力以及现金持有量来保障企业生产经营的正常发展和把握有利的投资机会。因而，财务柔性管理是企业管理者需要高度关注的问题，只有探究财务柔性的适度性，才能有效利用财务柔性促进企业发展。

目前，很多学者对财务柔性的研究主要集中在概念、经济后果、对投资行为的影响等方面，如特里格吉斯（Trigeorgis，1993）认为财务柔性是一种期权，它可以帮助企业更好地在未来做出投资、融资等决策，企业储备的财务柔性越多，企业价值越大。布兰和苏布拉马尼安（Bulan & Subramanian，2008）发现财务柔性可以提升企业抓住有利投资机会的能力，进而改善企业经营绩效。马春爱和张亚芳（2013）构建了财务柔性综合指数，并将样本公司按照该指数的高低分成高、中、低三类，依次检验了不同财务柔性水平对企业价值的影响。而直接针对企业财务柔性的适度性及偏离后对企业价值的影响却少有文献提及。在此背景之下，本研究对财务柔性偏离理论预期水平的研究具备重要的现实意义。

本研究使用我国 2007～2017 年沪深 A 股上市公司经过模糊处理的 7 382 个财务数据为研究对象，对财务柔性偏离预期水平与公司价值的关系进行理论分析与实证研究。从财务柔性偏离理论预期水平的角度入手，研究财务柔性偏离理论预期水平对企业价值的影响，在此基础上利用六种不同的分组方式将样本分别分组，得到六个不同的分组样本，分别进行回归，分析不同分组下财务柔性对企业价值影响的差异。

与之前的研究相比，本研究主要发现了以下新颖结果。企业偏离理论预期值的现金柔性、负债柔性和股利柔性与公司价值呈负相关。行业竞争越激烈，企业持有偏离理论预期水平的更多财务柔性，越易损害公司价值。处于成熟期的企业，持有偏离理论预期水平的更多财务柔性，越易损害公司价值。上市公司多元化经营程度越高的企业，持有偏离理论预期水平的更多财务柔性，越易损害公司价值。具有较低融资约束的企业，持有偏离理论预期水平更多的财务柔性，越易损害公司价值。中央国有企业，持有偏离理论预期水平更多的财务柔性，越易损害公司价值。

本研究在前人研究的基础上，试图对我国上市公司财务柔性偏离理论预期水平对公司价值的影响进行全面又颇具创新的系统研究，本研究的创新点主要包括：从残差信息视角构建了财务柔性指数，该指数考虑了财务柔性内生性和现金、负债及股利之间的替代效应，在一定程度上弥补了以往研究文献在财务柔性指标综合方面的缺陷；研究发现基于残差信息的财务柔性指数与公司价值负相关，考虑财务柔性内生性情景下，过度的财务柔性将损害公司价值。

5.2 理论分析与研究假设

企业储备财务柔性，一般从超额现金持有、保持较低负债比率和股利支付比率三方面考虑，本质上三者都是为企业提供一定程度的流动性保证，为企业在日常经营和未来长期的生存发展过程中储备所必需的资源。一方面，企业可以通过控制财务柔性水平，保证在项目需要资金时拥有足够的资金支持，为内部财务波动产生的冲击提供一定的缓冲，有效避免企业陷入财务危机，降低不利因素给企业带来的价值损失。另一方面，财务柔性的储备能够缓解公司所受融资约束的状况，提高资产的流动性水平，能够满足企业在"预防"和"利用"两方面动机上对资金的需求，还有利于降低企业在外举债时的交易成本，提升企业的价值。然而，财务柔性的持有不可避免地也需要成本，经济学意义上的成本乃是机会成本。通过将当前的经济资源储备起来，企业将当期的投资移向了未来，从而使得失去的当期的投资项目构成了机会成本的一部分。同时，通过增加超额现金持有造成的企业委托代理成本增加以及压缩杠杆率造成的净资产收益率下降也是成本的一部分，都会降低企业的价值。因此，在环境不确定的大背景下，无论是应对不利的冲击，还是把握有利的投资机会，储备的财务柔性都会对企业价值产生一定的影响。

特里格吉斯（1993）首先关注了这个问题，他认为财务柔性是一种期权，它可以帮助企业更好地在未来做出投资、融资等决策，企业储备的财务柔性越多，企业价值越大。加姆巴和特里安蒂斯（Gamba & Triantis，2008）肯定了财务柔性对企业价值提升的实际意义，研究发现在业绩等方面储备高水平的财务柔性企业相对于低水平的企业会有一个明显的价值增量过程。马春爱和张亚芳（2013）认为，财务柔性是与企业的现金持有量、未使用举债能力等因素紧密联系在一起的（企业主要依靠这两种途径储备财务柔性），考虑这些因素下可能会出现代理问题、税收庇护效应问题，财务柔性过高可能会对公司价值产生一定的负面效应。比如，企业超额持有现金，可能使得管理层过度自信与乐观，从而缺乏对外部环境变化的合理判断，做出非理性投资。

公司准备一定的财务柔性，使公司在存在资金缺口时动用闲置资金或利用剩余举债能力迅速筹集资金填补缺口，确保企业能够在激烈的市场竞争环境中保持投资能力和应变能力，在缓冲环境不确定带来不利冲击的同时抓住有利的投资机会。一定程度的财务柔性储备有利于公司价值的提升，但当财务柔性储备偏离公司理论预期水平时反而会降低公司价值。因此，本研究提出假设1：

假设1：企业偏离理论预期值的财务柔性与公司价值呈负相关。

持有高额现金是企业获取财务柔性最基础也是最重要的来源，迈尔斯和马杰鲁夫（1984）较早关注企业现金持有与财务柔性之间的关系，他们通过融资优序理论指出，企业持有大量现金可以有效降低外部融资成本过高时的交易成本，从而满足企业资金的需求。索内（Soenen，2003）认为超额现金持有在为企业带来柔性的同时，还能够帮助企业在动荡的经营环境中更好地把握投资机会，并避免企业陷入财务困境，具有战略价值。黄世忠（2006）也认为，当市场出现有利投资机会时，拥有充裕现金储备的企业可以迅速加以利用，而若市场表现不佳，企业仍旧可以利用现金还本付息，维持正常的生产经营。阿查亚等（2007）则指出超额现金持有还具有与衍生金融工具一样的降低企业掠夺性风险的作用，可以作为企业风险管理工具。顾乃康等（2011）从现金持有角度出发，将研究区间前两年均储备了足够现金的企业界定为具备财务柔性的企业，并在此基础上研究了财务柔性对企业投资的影响。结果表明，财务柔性水平高的企业，其未来的投资水平也会显著提高，凸显了财务柔性的"利用"作用。并用实证进一步证明了企业在一段时间内保留较多现金的行为是出于对财务柔性的需要。财务柔性水平并不是越高越好，以代理理论为基础，迪特马尔和史密斯（Dittmar & Smith，2007）提出由于两权分离现象的普遍存在，现金持有量充足企业的管理层更有动机去实施过度投资，影响企业的经营业绩，降低企业价值。王利刚（2007）的实证结果表明，现金持有的增加对企业经营业绩具有负面影响，该研究验证了自由现金流假说和代理成本理论，发现高额现金持有的企业比较容易出现滥用现金流的行为，且企业现金持有的动机更倾向于管理层出于自身私利的需要，从而导致企业价值下降。

持有高额现金是企业获取财务柔性最基础也是最重要的来源，而由于委托代理关系和信息不对称的存在，超额现金持有容易造成资源的滥用与浪费，可能会出现经营者为追求自身利益出现短期机会主义行为，进行盲目的过度投资，对公司业绩产生不利影响。随着财务柔性的增大，相应增加的机会成本和代理成本会在一定程度上削弱财务柔性对公司价值的贡献。也就是说，适度的财务柔性具有缓冲的正效应，若储备过量则可能产生代理的负效应。因此，本研究提出假设2：

假设2：企业偏离理论预期值的现金柔性与公司价值呈负相关。

剩余举债能力也是财务柔性的重要来源，格拉哈姆和哈维（Graham & Harvey，2001）调查表明，企业高管在进行资本结构决策时选择维持低财务杠杆，一方面是为了防止过高的负债比率使得企业陷入财务困境，另一个方面是为了获得后期提高负债水平的选择权，当环境中出现较好的投资机会时，企业可以很快在资本市场上进行负债融资。马奇卡和穆拉（Marchica & Mura，

2010）认为企业实际负债比率低于理论预测最佳资产负债率是出于对保持财务柔性的需要。姜付秀和黄继承（2011）认为负债是一种约束机制，可以一定程度的提升企业价值。蒲文燕等（2012）也直接指出，企业在一段时间内持续保持低财务杠杆的目的就是为了给企业提供一定程度的财务灵活性。此外，商业票据和信用额度等其他负债融资工具对财务柔性也具有影响。弗兰克和戈亚尔（Frank & Goyal，2003）以美国 1950～2000 年间所有非金融企业为研究对象，并用多重插补法弥补了数据缺失可能带来的实证结果偏差，发现以市场价值衡量的企业价值随着企业财务杠杆比率的上升而不断下降，即负债比例越高，企业价值越低。肖作平（2005）以 1995～2002 年间所有非金融公司为研究对象，并运用三阶 OLS 方法对资本结构与企业绩效联立方程进行了估计。研究发现企业资本结构和绩效之间存在着互相作用的关系，且负债比率越高，企业业绩越差。陈德萍和曾智海（2012）以创业板上市公司为研究对象，也得出了类似的结论。

剩余举债能力也是财务柔性的重要来源，在企业需要投资扩张或者盈利需求时运用财务柔性，可以保证在面临经济下滑时企业无须减少业务保留一定的负债能力，以较低的利息支付来进行负债融资的未来能力。但当负债过低时，在财务杠杆效应下，公司将损失负债可以带来的节税效应，同时失去负债的公司治理功能。即当企业拥有的负债柔性偏离理论预期水平时，保持较高的财务柔性会损害公司价值。因此，本研究提出假设 3：

假设 3：企业偏离理论预期值的负债柔性与公司价值呈负相关。

财务柔性是驱动企业股利支付政策的重要因素之一，股利支付政策的核心是如何在不削弱财务柔性的情况下获得自由资金，即股利支付政策取决于保持财务柔性和利用股利消除代理成本之间的平衡。德·安格罗和德·安格罗（De Angelo & De Angelo，2007）表示企业最佳财务政策应该是保持较低负债比率、适度的现金持有以及持续可观的股利支付。高股利支付不仅降低了现金持有的代理成本还可以向外界传递公司经营良好的信息，从而保证企业的股票不被低估。但实际上，曾爱民等（2013）认为在我国特殊的制度环境下，上市公司股权再融资资格、数量和时间都要受到证监会的严格监管，因此具备权益融资能力的企业也不一定能够获得权益柔性。刘名旭和向显湖（2014）则直接指出，由于资本市场信号传递功能的不完善，降低股利支付，保持留存收益获得权益资金可能会成为权益柔性存在的另一条路径。同时，除了现金股利政策外，发放股票股利以及股票回购计划某种程度上也可以作为企业财务柔性的获取途径（Lie，2005；Oded & Michel，2008）。艾尔斯顿（Elston，1996）检验了股利分配政策与流动性约束、公司投资机会之间的关系。结果证实这种联系在不完善的资本市场上是很有可能的，当公司现金状况不佳或者投资机会较多时，通常会考虑停止或削减股利分配。迈克尔和安加（Michael & Anjan，1990）研究发展了股利政策选择与投资者偏好理论。尽管资本利得具有税收优惠，但是实证结果表明大多数个人投资者还是希望少发放现金股利，保留未来潜在的增长机会，或者通过资本市场回购实现大额回报。由此可见，一方面，支付股利会减少企业股票的风险，向外界传递营运状况良好的信息，提升企业的价值。另一方面，是否发放股利也取决于企业的实力与能力，如果企业盈利能力很差还要发放股利，只会对企业价值造成负面影响。

股利政策是现代公司理财活动的三大核心内容之一。恰当的股利分配政策，不仅可以树立起良好的公司形象，而且能激发广大投资者对公司持续投资的热情，从而能使公司获得长期、稳定的发展条件和机会。反之，则会给公司带来不利影响，即当企业股利发放偏离理论预期水平时，保持较高的股利发放水平会损害公司价值。因此，本研究提出假设4：

假设4：企业偏离理论预期值的股利发放与公司价值呈负相关。

在行业集中度方面，李雪和于晓红（2008）对上市公司行业环境与资本结构进行了研究，发现在竞争激烈的行业中，企业保持低财务杠杆是一项竞争优势，财务杠杆越低，企业经营业绩越好。此外，刘志强和余明桂（2009）认为产品市场竞争具有治理效应，可以减少代理成本并约束管理者的行为，因此市场竞争越激烈，企业现金持有价值越高。曾义（2014）研究结果表明，具有竞争优势的公司的现金持有对其边际价值增加有积极作用，即行业竞争对企业现金持有具有积极的增强效应，而这种效应能够增加公司价值。阿奇安（Alchian，1950）认为，产品市场竞争可以向管理层施加一定的约束力，促使管理层更加努力工作，从而降低代理成本且有助于提升公司绩效。王亭亭（2015）表明产品竞争强度分别与负债柔性和现金柔性以及财务柔性呈正相关关系，且随着产品竞争强度不断增强，财务柔性与企业价值之间的关系曲线会变得更加平缓，同时财务柔性的顶点会向右移动。

　　垄断行业的产品更新换代压力较小，经营风险主要是市场需求不足，而非竞争，销售商品或提供服务的价格相对稳定，收益现金流的波动性也不大，环境不确定性较弱。因而垄断型行业保持超过预期水平的财务柔性将更可能损害公司的价值。当企业处于竞争激烈的行业中，企业为了不被整个行业所淘汰，势必就要不断地进行技术革新，降低生产成本，提高经营效率，持续开发新产品。因此当企业处于竞争激烈的行业中，需要保持一定的超额财务柔性。因此，本研究提出假设 5：

　　假设 5：在垄断行业里，企业竞争压力较小，企业持有偏离理论预期水平的更多财务柔性，越易损害公司价值。

　　从企业成长性来看，马克康奈尔和赛维斯（McConnel & Serveas, 1995）认为，高成长性企业拥有更多的有价值投资项目，未来收益的高风险性容易使经营者产生投资不足与资产替代行为，故对企业价值存在负向作用。严复海和王曦（2012）研究发现，企业的成长并不是总是带来企业价值的增加，企业增长与价值创造能力之间呈倒"U"型关系，在一定的增长速度范围之内，随着企业增长速度的提升，企业的价值创造能力随之提升，即企业的成长性与价值创造具有显著的正相关关系，但是超过一定的范围，企业的增长将会带来企业价值的减少，即企业的成长性与价值创造之间具有负相关关系。杨兴全和吴昊星（2011）提出：高成长性公司具有显著的"公司治理效应"。公司治理与公司业绩的关系受制于成长性的高低，高成长性企业不缺乏有价值的投资项目，其合理投资水平更高，因此，对于高成长性公司来说，持有较多的现金流量将对企业价值产生负面影响。曾志坚和周星（2015）提出，超额持有部分现金是公司权衡了现金持有的成本和收益之后做出的理性决策。公司持有超额现金的目的是预防未预期的需求，避免错失有价值的投资机会。而对于成熟型公司来说，与成长型公司相比，其未预期的需求较少，无须持有较多的财务柔性来把握有价值的投资机会，由此可见，对于成熟型公司来说，持有较多的财务柔性将对企业价值产生负面影响。

　　成熟型公司经营模式、经营状况相对比较稳定，前期的投资已经开始有较高的回报，后期资本支出较少，对外借款需求较低，现金流入量要大于现金流出量，在此阶段的企业可以有充裕的自由现金流量以及较少的负债，且成熟期是其利润的最大产出期，此时投资获利较大。此时企业不需要保持大量的财务柔性，一旦企业所持有的财务柔性超出理论预期水平便会损害公司价值。而处于衰退型的公司，规模应该处于收缩阶段，此时如果持有过多的财务柔性，其更可能损害公司的价值。因此，本研究提出假设6：

假设6：处于成熟期的企业，持有偏离理论预期水平的更多财务柔性，越易损害公司价值。

从公司多元化程度来看，公司多元化经营可以建立起内部资本市场，避开在外部资本市场融资的交易成本和信息不对称问题（Hadlock et al.，2001），可以实现资源的优化配置，降低公司经营的风险等。国外学者对多元化经营程度和企业价值的关系进行大量的实证研究表明（Lang & Stulz 1994；John & Ofek 1995），多元化经营会带来折价，多元化经营的企业一般有较低的企业价值。詹森（Jensen，1986）指出，多元化公司往往不能准确预测与判断新行业和新产品的未来发展状况，因此，与专业化企业相比，更容易投资于那些净现金流为负的项目，有损公司价值。苏尔兹（Sultz，1990）的模型表明，内部资本市场是无效的，CEO 经常对效益低的单元投资过度而对效益高的单元投资不足，产生"傻钱效应"（stupid moeny effect），无法使企业获得最大的经济效益和持续的健康发展。杨兴全和曾春华（2012）发现上市公司多元化经营内容越大，程度越广，企业的现金持有水平及其价值效应越低。主要原因是：不同分部所面临的投资机会在时间和空间上具有一定的多样性和不同步性，可有效利用企业内部资本市场，且此类公司规模大，还可通过低成本出售部分非核心资产获取现金。苏布拉马尼姆等（Subramaniam et al.，2011）和杜奇（Duchin，2010）的检验结果表明，多元化经营公司的现金持有水平显著低于非多元化公司，多元化经营程度和内部资本市场效率与公司持有现金水平负相关；童（Tong，2009）研究发现，多元化公司持有现金价值较低，多元化程度与公司现金持有价值负相关，治理水平较低的多元化公司现金持有价值相对更低。根据奥普勒（Opler，1999）等的研究，多元化经营会降低现金持有的收益。多元化经营形成的内部资本市场为资金的重新配置提供了条件，企业可以通过内部资本市场将资金从现金流充足而缺乏投资机会的分部转移至拥有良好投资机会但是现金流资源缺乏的分部，更好地满足资金需求，并且受益于多元化经营公司的较大规模，企业可通过出售非核心部门的资产获取低成本的资金，降低外部融资成本，降低现金持有收益。

　　多元化经营被我国上市公司广泛应用，已经成为一种重要的公司战略决策。多元化公司大多由多个不完全相关的分部构成，对于不同分部而言，他们所面临的投资机会在时间和空间上也具有一定的多样性和不同步性，不同分部的投资机会之间和现金流间不完全相关，现金持有充裕而缺少投资机会的分部其现金可以满足拥有投资机会而现金持有短缺的分部的资金需求，减少多元化公司对现金持有的需求。

　　企业往往倾向于并购重组，实施跨行业多元化经营战略，期望产生 1 + 1 > 2 的效果来提高企业盈利能力、扩大自己战略领地、迅速提升企业实力。多元化企业在其新扩张的行业领域上尚未实现收益时，若备足充沛的财务柔性资源可以提供日常经营所需的资金保障，也可以缓冲企业新领域扩张失败带来的强烈冲击。但是由于多元化企业业务范围比教广，具有经营柔性，业务之间有互补作用，故当企业所持有的财务柔性超出理论预期水平便会损害公司价值。因此，本研究提出假设 7：

　　假设 7：上市公司多元化经营程度越高的企业，持有偏离理论预期水平的更多财务柔性，越易损害公司价值。

　　从融资约束角度来看，库明斯和尼曼（Cummins & Nyman，2004）研究发现，在未来环境不确定时，由于融资约束的存在，企业可以通过储备现金资产并利用其缓冲功能来满足未来的融资需求，降低融资成本，提升企业价值。法尔肯德和王（Faulkender & Wang，2006）研究了外部融资约束对企业现金持有价值的影响，结果发现，在控制其他影响企业价值因素的前提下，面临融资约束的企业其现金持有的边际价值要显著高于不受融资约束企业现金持有的边际价值，主要原因是，融资约束企业面临的外部融资成本比较高，内部现金的持有可以保证企业的投资行为不受影响，从而避免次优投资的发生。万小勇和顾乃康（2011）对融资约束、超额现金持有以及企业价值之间的关系进行了实证检验，结果表明，当企业面临的融资约束较高时，超额现金持有对企业价值具有正向影响，而在融资约束较低的企业中，方向刚好相反。德尼斯和希比科夫（Denis & Sibilkov，2009）比较了融资约束公司和非融资约束公司现金持有量的边际价值差异，发现融资约束公司的现金持有量边际价值显著高于非融资约束公司，而产生这一差异的原因是融资约束公司更注重投资效率。万小勇和顾乃康（2011）采用门槛回归模型分析了融资约束对现金持有水平及现金持有价值的影响，结果表明，在融资约束程度高的企业，现金的账面价值低于市场价值，而在融资约束程度低的企业，现金的账面价值高于市场价值，这说明在融资约束程度较低的企业中，现金持有对企业价值具有负面影响，而对融资约束程度较高的企业具有正面影响。

企业储备财务柔性主要出于两方面的原因：一是内外部环境的变化，环境的动荡需要企业保持财务柔性以满足日常经营的资金需求以及项目投资需求；二是融资约束的存在，企业外部融资成本高于内部融资成本，通过财务柔性管理，可以低成本及时地拥有资金应对环境的不确定性或者抓住投资机会。如果企业保持较高的财务柔性，能够及时地以较低的成本筹集到资金，则可以缓冲不利冲击，不易错失投资机遇。企业可以通过安排资产结构与融资结构，提高财务柔性，以缓解融资约束问题。可见，融资约束是企业保持财务柔性的前提之一，企业面临融资约束问题越严重，越需要提高财务柔性。而融资约束低的公司保持过度的财务柔性会容易滥用财务柔性，即融资约束较低的企业保持较高的财务柔性更可能损害公司价值。因此，本研究提出假设8：

假设8：具有较低融资约束的企业，持有偏离理论预期水平更多的财务柔性，越易损害公司价值。

从公司属性来看，杨兴全和张照南（2008）利用法马和弗兰奇（Fama & French，1998）经典企业价值回归模型实证检验了产权性质对企业现金持有市场价值的影响。结果表明，国有控股公司由于内部代理问题较为严重且本身面临的融资约束较小，企业持有较多现金没有发挥作用的空间反而还可能增加代理成本，损害企业价值。苏琳（2013）实证检验了财务柔性与企业价值的关系以及实际控制人性质不同对财务柔性价值的影响。结果在证实财务柔性具备价值的同时，也证明了公司非国有股权性质可以促进财务柔性价值的提升。施源（2015）通过以全部A股上市公司数据为观测样本，实证结果表明，储备财务柔性对企业价值的提升有促进作用；不同行业之间的竞争越激烈，财务柔性储备对企业价值正向促进作用会更加突出；当行业间竞争较大时，非国有企业比国有企业在储备财务柔性时影响企业价值的增加更为明显。高平（2011）认为在面对市场环境危机时，国有企业相比非国有企业享受更多的政策补贴和信贷援助，对财务柔性储备的需求较低。

中央国有企业可以获得更多的政策倾斜和更多国有银行的贷款支持，而其他企业由于信息不对称、代理问题的存在，其外部融资成本要明显高于中央国有企业。中央国有企业比其他企业拥有更多的政治资源、社会资源与政府隐性担保，能从银行获取更多的金融资源。因此，中央国有企业获取金融资源的能力更强，从而导致其对经济波动不敏感。在面临不确定性时，无论是现有资源保障还是未来资源保障，中央国有企业都比其他企业更加容易取得。因此当财务柔性超出理论预期水平时，中央国有企业保持较高的财务柔性便会损害公司价值。因此，本研究提出假设9：

假设9：中央国有企业，持有偏离理论预期水平更多的财务柔性，越易损害公司价值。

5.3　基于残差信息的财务柔性指数构建

总结之前的学术研究，主流的文献大多采用以下三种方法来衡量公司的财务柔性：（1）单指标判断法。常用的单指标包括财务杠杆（Fama & French，1999；Ferrando et al.，2014）和现金持有量（连玉君等，2010），阿斯兰等（Arslan et al.，2008）同时结合资产负债率和现金持有量两类指标判断企业财务柔性的大小，并将高现金持有量和低财务杠杆的企业归类为高财务柔性组。也有学者提出百分位判定法去避免掺杂过多的主观因素，这种方法通常直接以行业中的平均值指标作为参照，而不需要去估算目标值。我国的学者曾爱民等（2011）也曾使用过这种方法。（2）多指标结合法。根据德安格罗（DeAngelo，2007）的观点，财务柔性并不能仅仅靠单一指标就可以判断，应该同时结合多项财务指标进行判断。这种方法所需考虑的角度要比单一指标多，科学性有所提高。我国的学者马春爱（2009）、曾爱民等（2011）都曾把现金和负债指标结合起来衡量财务柔性。（3）多指标综合法。该方法选取多项与财务柔性相关的财务指标，分别赋予不同权重，计算得到一个综合得分，由此来判断企业财务柔性的强弱程度。卡普兰和辛加勒斯（Kaplan & Zingales，1997）利用多项财务指标，通过赋权构建综合得分模型，来判断企业财务约束程度。马春爱（2010）在综合考虑现金指标、杠杆指标和外部融资成本指标三个方面指标基础上，构建了财务弹性指数。曾爱民（2011）从柔性维度的视角，将财务柔性等价于现金柔性、负债融资柔性和权益融资柔性之和，并结合我国的制度背景，提出了财务能力的概念。

而本研究采用的是综合指数度量财务柔性，由理论分析可知，现金柔性偏离理论预期水平的值大于零意味着公司具有较高的财务柔性，负债柔性偏离理论预期水平的值小于零意味着公司具有较高的财务柔性，股利柔性偏离理论预期水平的值小于零意味着公司具有较高的财务柔性。利用第四部分联立方程得到的现金残差、负债残差、股利残差，运用主观赋权法对各指标进行综合赋权，将现金残差（表示现金柔性对理论预期水平的偏离程度）从小到大排列，两等分后赋值为0，1分别代表现金柔性较差的公司与现金柔性较好的公司，即现金柔性得分；将正向化处理后的负债残差与股利残差（表示负债柔性与股利柔性对理论预期水平的偏离程度）分别按从小到大排列，两等分后赋值为0，1分别代表负债柔性较差的公司与负债柔性较好的公司和股利柔性较差的公司与股利柔性较好的公司，即负债柔性得分与股利柔性得分。最后对三组得分进行加总得到每一家公司在2007~2017年的年度综合得分。

5.4 研究设计

5.4.1 样本选取与数据来源

1. 样本选取

根据理论分析与假设，选取我国沪深A股上市公司2007~2017年的面板数据，为避免相关因素对研究的影响，本研究对样本进行了如下筛选：（1）剔除金融类公司；（2）基于ST类上市公司财务状况的异常情况，剔除期间任何一年出现被进行特别处理的上市公司；（3）根据上市时间剔除数据缺失的样本；（4）根据行业进行分类，为了保证数据的有效性，剔除样本企业数目少于5家的所有行业；（5）剔除具有异常值样本数据，即剔除资产负债率大于1的资不抵债的公司，剔除股利支付率小于0和大于1的公司，剔除Tobin's Q大于100和小于-100的异常值公司；（6）为了降低个别数据对实证结果的影响，剔除2007~2017年各个变量数据中存在缺失值的公司。最后得到 1 766 家公司的 7 382 个样本数据。

2. 数据来源

财务数据来自 Wind 金融数据库，部分缺失或错误数据通过巨潮资讯网查找企业原始报表数据予以补充和修正。

5.4.2　变量设计

1. 被解释变量

本研究选用托宾 Q 值作为企业价值的替代变量，托宾 Q 值是公司市场价值和资产重置成本之比，与其他指标相比，托宾 Q 值能够更好地反映企业的长期价值，并且现有研究中大多数学者都倾向于使用托宾 Q 值作为企业价值的代表。

2. 解释变量

以中国上市公司财务柔性综合得分 Score 作为主要解释变量，利用中国上市公司数据获得各指标的数值，由理论分析可知，现金柔性偏离理论预期水平的值大于零意味着公司具有较高的财务柔性，负债柔性偏离理论预期水平的值小于零意味着公司具有较高的财务柔性，股利柔性偏离理论预期水平的值小于零意味着公司具有较高的财务柔性。利用第四部分联立方程得到的现金残差、负债残差、股利残差，运用主观赋权法对各指标进行综合赋权。

3. 控制变量

除了财务柔性影响公司绩效以外，还存在其他影响公司绩效的因素，本研究借鉴已有的研究结果，将已有研究指出会影响公司绩效的若干因素作为控制变量，包括经营现金流 CF、资本支出 CapEx、净营运资本 NWC、盈利能力 ROA、公司规模 Size、套期保值 Hedge、信用额度 Creditline、资产出售 Asset-sale。

4. 分组变量

本研究利用六种方法进行分类，以进一步获得不同特征公司财务柔性对公司价值的影响差异。

（1）本研究借鉴行业集中度中的行业集中率（CRn 指数）方法将样本企业分组，根据行业分类计算出 CR4，即样本中每个行业前 4 家最大企业所占市场份额的总和，市场份额选用销售额作为代表，CR4 大于或等于 40% 的是垄断型公司，小于 40% 的是竞争型公司。

（2）本研究借鉴行业集中度中的赫尔芬达尔指数 HHI 方法将样本企业分组，计算每家企业所占行业总资产百分比的平方和，乘以 1 0000 后，HHI 大于或等于 1 000 的是垄断型公司，小于 1 000 的是竞争型公司。

（3）本研究借鉴企业生命周期方法将样本企业分组，借鉴张俊瑞等（2009）的做法，采用统计学方法对样本公司分行业计算出标准化的销售收入增长率和标准化的资本支出增长率，根据两个标准化指标之和从高到低对样本企业进行排序，并平均分为三组。排序第一的组为成长组、排序第二的组为成熟组、排序最后的为衰退组，即 CZX = 0 为成长组企业，CZX = 1 为成熟组企业，CZX = 2 为衰退组企业。其中，标准化销售增长率 = （最近三年的平均销售增长率 – 企业所在行业的最近三年的平均销售增长率）/所在行业最近三年销售增长率的标准差；标准化的资本支出增长率 = （企业资本支出增长率 – 企业所在行业平均资本支出率）/所在行业资本支出率的标准差。

（4）本研究借鉴刘卿龙（2018）的做法，计算各行业主营收入占总主营收入的比重，该比值大于或等于 10% 所涉及的行业分布个数即为上市公司行业数目，当行业数目大于等于 2 时取值为 1，表明公司采取多元化经营，否则为 0 即专业化经营。

（5）本研究借鉴卡普兰和辛加勒斯（1997）定量测度融资约束的思想，即先根据有限样本内企业的财务状况，定性划分企业融资约束程度，然后刻画出融资约束程度与反映企业特征的变量之间的数量关系，即融资约束指数 AC，其计算公式为：$-0.737 \times Size + 0.043 \times Size^2 - 0.04 \times Age$，Size 为公司规模，Age 为公司上市年龄，融资约束指数 AC 绝对值越大表明公司的融资约束程度越低。本研究使用 AC 指数测度企业的融资约束程度，将融资约束指数 AC 的绝对值按照从大到小的顺序等分为三组，AC 指数分别取 0、1、2，表示融资约束低的公司、融资约束中等的公司、融资约束高的公司。

（6）本研究根据公司实际控制人的性质，将所有公司样本分为三类，非国有性质企业为 0 即 GSSX = 0，地方国有企业为 1 即 GSSX = 1，中央国有企业为 2 即 GSSX = 2。

综上所述，本研究中各变量定义及计算方法如表 5 – 1 所示。

表 5－1　　　　　　　　　　　　　变量设计

变量类型	变量名称	变量符号	变量定义
被解释变量	托宾 Q	Tobin's Q	企业的市场价值/企业的重置成本
解释变量	综合得分	Score	运用主观赋权法对第四章联立方程得到的现金残差、负债残差、股利残差进行综合赋权加总
控制变量	资产出售	Assetsale	（处理固定资产、无形资产和其他无形资产收回的金额＋处置子公司收回的金额）/年末总资产
	资本支出	CapEx	构建固定资产、无形资产和其他长期资产所支付的现金净额
	净营运资本	NWC	（流动资产－现金－流动负债）/年末总资产
	盈利能力	ROA	息税前利润/年末总资产
	公司规模	Size	Ln （年末总资产）
	经营现金流	CF	经营性净现金流/年初总资产
	银行授信额度	Creditline	当公司获得授信额度时为1，否则为0
	套期保值	Hedge	当公司进行套期保值时为1，否则为0
分组变量	行业集中度	CR4	CR4＝0，表示垄断型企业；CR4＝1，表示竞争型企业
	赫芬达尔指数	HHI	HHI＝0，表示垄断型企业；HHI＝1，表示竞争型企业
	成长性	CZX	CZX＝0，表示成长型公司；CZX＝1，表示成熟型公司；CZX＝2，表示衰退型公司
	多元化	DYH	DYH＝0，表示公司专业化经营；DYH＝1，公司多元化经营
	融资约束	AC	AC＝0，表示融资约束低的公司，AC＝1，表示融资约束中的公司，AC＝2，表示融资约束高的公司
	公司属性	GSSX	GSSX＝0，表示非国有公司，GSSX＝1，表示地方国有公司，GSSX＝2，表示中央国有公司

5.4.3　模型设计

在模型构建上，本研究采用经典的多元回归模型。该模型立足公司财务柔性偏离理论预期水平的视角，研究财务柔性与公司价值的关系。选择公司价值最大化的代理变量 Tobin's Q 作为解释变量，以中国上市公司财务柔性综合得分 Score 作为主要解释变量，以经营现金流 CF、资本指出 CapEx、净营运资本 NWC、盈利能力 ROA、公司规模 Size、套期保值 Hedge、信用额度 Creditline、资产出售 Assetsale 作为内生变量，构建企业价值与财务柔性之间关系的计量模型。以综合得分为主要解释变量构建企业价值与财务柔性之间的关系模型：

$$Tobin's Q_{i,t} = \alpha_0 + \alpha_1 Score1_{i,t}(Score2_{i,t}, Score3_{i,t}, Score4_{i,t}) + \alpha_2 CapEx_{i,t-1} +$$
$$\alpha_3 CF_{i,t-1} + \alpha_4 NWC_{i,t-1} + \alpha_5 ROA_{i,t-1} + \alpha_6 Size_{i,t-1} + \alpha_7 Hedge_{i,t-1} + \alpha_8 Creditline_{i,t-1} +$$
$$\alpha_9 Assetsale_{i,t-1} + \varepsilon \tag{5.1}$$

其中，Score1、Score2、Score3、Score4 分别表示综合得分、现金柔性得分、负债柔性得分、股利柔性得分，其分别对应以得分为主要解释变量构建的企业价值与财务柔性之间的关系所得的模型 Model1、Model2、Model3、Model4。

5.5 实证分析

5.5.1 描述性统计

首先，本研究对全样本进行描述性统计分析，初步探寻各变量之间的关系。模型中各主要变量的描述性统计结果如表 5-2 所示。

表 5-2　　　　　　　　　　　描述性统计

变量名	样本量	平均值	标准差	最小值	最大值
Tobin's Q	7382	2.46984	2.75781	0.134253	22.9057
Score	7382	1.46017	1.46076	0	3
CapEx	7382	0.07083	0.08039	0.0002201	0.61938
CF	7382	0.1108	0.09297	-0.032844	0.7325
NWC	7382	0.01993	0.30536	-2.709247	0.5938
ROA	7382	0.07782	0.04966	-0.05406	0.30081
Size	7382	22.3237	1.20287	19.93014	26.3653
Hedge	7382	0.07193	0.25839	0	1
Creditline	7382	0.14143	0.34848	0	1
Assetsale	7382	0.00359	0.0113	-0.0000492	0.10122

从描述性统计分析结果可以看出，企业价值 Tobin's Q 的平均值为 2.46984，最小值为 0.134253，最大值为 22.9057，这说明我国上市公司价值存在比较明显的差异。综合得分 Score 的平均值为 1.46017，标准差为

1.46076，可以看出我国各上市企业的财务柔性实际水平对理论预期水平偏离程度差异比较大。

控制变量方面，资本支出 CapEx 的平均值为 0.07083，最大值为 0.61938，最小值为 0.0002201，各企业之间存在显著差异，各个企业支出水平高低不等。净营运资本 NWC 的平均值为 0.01993，最大值为 0.5938，最小值为 -2.709247，说明有的企业流动资产远大于流动负债，而有的企业流动负债要远大于流动资产，企业运营资本存在很大差异。公司规模 Size 的平均值为 22.3237，最大值为 26.3653，最小值为 19.93014，说明我国各上市公司的规模普遍比较大，同时也存在显著差异。资产出售 Assetsale 的平均值为 0.00359，这说明我国上市公司资产出售普遍较低，最大值为 0.10122，最小值为 -0.0000492，并且企业之间存在很明显的差异。

5.5.2 相关性分析

根据相关性分析可以检测变量之间是否有着共线性的可能以及被解释变量和解释变量之间的相关性大小，从统计学意义上来说，解释变量之间的相关系数在 0.8 以上时可能会有共线性，会严重影响多元线性回归效果。本研究变量的相关性结果如表 5-3 所示。

表 5-3 相关性分析

变量名	Tobin's Q	Score	CapEx	CF	NWC	ROA	Size	Hedge	Creditline	Assetsale
Tobin's Q	1									
Score	-0.0121	1								
CapEx	0.5661	0.0132	1							
CF	-0.0705	0.0008	-0.0727	1						
NWC	-0.0462	-0.0015	-0.0305	0.0197	1					
ROA	0.1244	0.0298	0.0489	0.3817	0.0208	1				
Size	-0.4264	-0.0063	-0.3045	0.1403	0.0314	-0.1673	1			
Hedge	-0.0186	-0.0009	-0.0216	-0.0162	0.0101	-0.0185	0.0871	1		
Creditline	-0.0639	0.0238	-0.0351	-0.0502	0.0221	-0.0594	0.2603	0.008	1	
Assetsale	0.0075	-0.0269	-0.0351	0.0292	-0.0087	-0.0012	0.1634	-0.0118	-0.0307	1

Pearson 相关系数显示，公司价值与综合得分存在着显著的负相关关系，可以初步验证本研究研究假设的成立，公司财务柔性水平对其理论预期水平的偏离与公司价值呈负相关，即偏离程度越大，越有损公司价值；公司价值与其他控制变量均存在着比较显著的相关关系，无论正相关还是负相关，验证了本研究所选取的控制变量是对被解释变量有比较显著的或正面或负面的影响的。托宾 Q 值与公司规模存在着显著的负相关关系，说明公司仅仅靠规模的壮大并不能达到提升公司价值的目标，还应关注在公司发展过程中的质变，注重改善经营管理措施，以实现公司的长期稳定的发展。托宾 Q 值与资本支出存在着显著的正相关关系，并且系数相比其他控制变量来讲较大，说明公司的资本支出水平在公司的发展过程中，起着比较重要的积极作用，有利于公司价值的增加。

Pearson 相关系数显示，大多数变量与其余变量存在一定意义上的相关关系，但绝对值普遍在 0 ~ 0.3，或不存在显著的相关关系，整体上看各变量之间相关关系较弱，可以初步说明各变量之间并不存在严重的多重共线性。验证了本研究的控制变量的选取是比较有统计学意义的，模型中并不存在多重共线性问题。

5.5.3 多元回归分析

1. 基于残差视角的财务柔性与公司价值的关系

利用模型 Model 1 ~ Model 4 对全样本分别以综合得分、现金柔性得分、负债柔性得分、股利柔性得分为解释变量对公司价值进行多元回归分析。回归结果如表 5 - 4 所示。

表 5 - 4 全样本回归结果

变量名	Tobin's Q			
	总	现金	负债	股利
Score	- 0.0648 ***	- 0.178 ***	- 0.185 ***	- 0.190 ***
	(- 0.0196)	(- 0.0567)	(- 0.0559)	(- 0.0575)

续表

变量名	Tobin's Q			
	总	现金	负债	股利
CapEx	13.69***	13.69***	13.69***	13.69***
	(1.075)	(1.076)	(1.075)	(1.075)
CF	-1.296*	-1.292*	-1.296*	-1.299*
	(-0.779)	(-0.78)	(-0.778)	(-0.779)
NWC	-0.499***	-0.499***	-0.499***	-0.498***
	(0.159)	(-0.159)	(-0.159)	(-0.159)
ROA (1.319)	6.098***	6.067***	6.089***	6.115***
	(1.322)	(1.319)	(1.319)	(1.319)
Size	-1.087***	-1.087***	-1.087***	-1.087***
	(-0.0720)	(-0.0721)	(-0.072)	(-0.072)
Hedge	0.237	0.238	0.236	0.237
	(0.166)	(0.167)	(0.166)	(0.166)
Creditline	-0.170*	-0.172*	-0.171*	-0.169*
	(-0.0882)	(-0.088)	(-0.0884)	(-0.0883)
Assetsale	1.358	1.377	1.4	1.351
	(2.564)	(2.569)	(2.564)	(2.561)
Constant	0.0550	0.0427	0.0528	0.0553
	(0.0411)	(0.0391)	(0.0406)	(0.0412)
Observations	7,382	7382	7382	7382
Number of code	1,766	1766	1766	1766
R-squared	0.411	0.41	0.41	0.411

注：稳健标准误 *** p<0.01，** p<0.05，* p<0.1。

由表 5-4 中 Model1 的回归结果可以看出，财务柔性水平 Score 的系数为 -0.0648,这说明公司财务柔性水平对其理论预期水平的偏离与其公司价值是负相关的，偏离程度越大，越有损公司价值。此结果与马春爱和张亚芳 (2013) 的观点一致，并验证了假设 1。即企业应当保有适当的财务柔性，偏离理论预期水平，会使企业价值受损。Model2 的回归结果可以看出现金柔性水平 Score 的系数为 -0.178，这说明公司现金柔性水平对其理论预期水平的偏离与其公司价值是负相关的，偏离程度越大，越有损公司价值。此结果与迪特马和史密斯（Dittmar & Smith，2007）、王利刚（2007）的观点一致，并验证了假设2。即企业的现金持有量应当保有适当的水平，偏离理论预期水平，现金持有的增加对企业经营业绩具有负面影响。Model3 的回归结果可以看出负债柔性水平 Score 的系数为 -0.185，这说明公司负债柔性水平对其理论预期水平的偏离与其公司价值是负相关的，偏离程度越大，越有损公司价值。此结果与肖作平（2005）、陈德萍和曾智海（2012）的观点一致，并验证了假设3。即企业的负债比率应当控制在适当的水平，偏离理论预期水平，负债比率越高，企业业绩越差。从 Model 4 的回归结果可以看出股利柔性水平 Score 的系数为 -0.190，这说明公司股利柔性水平对其理论预期水平的偏离与其公司价值是负相关的，偏离程度越大，越有损公司价值。此结果与艾尔斯顿（Elston，1996）、布伦南和萨科尔（Brennan & Thakor，1990）的观点一致，并验证了假设4。即企业的股利发放应当适度，偏离理论预期水平，会损害企业的价值。

控制变量方面，资本支出 CapEx 与公司价值呈显著的正相关关系，说明资本支出可以提升公司市场价值；净营运资本 NWC 与公司价值呈显著的负相关关系，净营运资本是由企业的长期资金筹得的，由于长期资本成本大于流动负债的资本成本，企业的净营运资本增大将加大企业的总资本成本，减少企业的利润，从而降低市场价值；盈利能力 ROA 与公司价值呈显著的正相关关系，盈利能力较高说明公司发展势头较好，相应就有较高的市场价值；公司规模 Size 与公司价值呈显著的负相关关系，说明不能盲目扩大公司规模，随着公司规模的扩大，经营难度加大，内部组织成本增加，从而造成企业市场价值下降；套期保值 Hedge 与公司价值呈显著的正相关关系，说明公司通过套期保值在一定程度上可以降低所面临的风险，从而提高市场价值；信用额度 Creditline 与公司价值呈显著的负相关关系。

2. 不同行业集中度的分类结果

为了验证公司的行业集中程度对财务柔性水平影响公司价值的作用，本研究通过对全样本进行分组，即垄断型公司与竞争型经营公司。根据行业集中度中的行业集中率（CRn 指数）方法将样本企业分组，根据行业分类计算出 CR4，即样本中每个行业前 4 家最大企业所占市场份额的总和，市场份额选用销售额作为代表，CR4 大于或等于 40% 的是垄断型公司，令 CR4 = 0；小于 40% 的是竞争型公司，令 CR4 = 1。

从表 5 - 5 的回归结果可以看出，模型回归结果显示，垄断行业中公司（CR4 = 0）的财务柔性偏离理论预期水平 Score 的系数最为显著，分别为 - 0.065、- 0.188、- 0.204 和 - 0.163，这说明垄断行业中公司（CR4 = 0）的财务柔性偏离理论预期水平 Score 与公司价值负相关，即在垄断行业中的公司（CR4 = 0）保持较高的财务柔性会有损公司价值。这是因为企业处于垄断行业中时，企业产品更新换代压力较小，销售商品或提供服务的价格相对稳定，此时保持超过预期水平的财务柔性将更可能被公司管理层用于自身目的，从而损害公司价值。

表 5 - 5　　　　　　　　　　　　行业集中度分类回归结果

变量名	Tobin's Q							
	CR4 = 0（垄断）				CR4 = 1（竞争）			
	总	现金	负债	股利	总	现金	负债	股利
Score	- 0.0650 **	- 0.188 **	- 0.204 **	- 0.163 **	- 0.0442 *	- 0.123 *	- 0.107	- 0.147 **
	(- 0.0280)	(- 0.0812)	(- 0.0809)	(- 0.0814)	(- 0.0250)	(- 0.0710)	(- 0.0726)	(- 0.0743)
CapEx	10.94 ***	10.96 ***	10.94 ***	10.93 ***	13.36 ***	13.35 ***	13.35 ***	13.36 ***
	(2.673)	(2.677)	(2.671)	(2.673)	(1.360)	(1.360)	(1.360)	(1.360)
CF	- 0.0626	- 0.0564	- 0.0636	- 0.0643	- 1.445 *	- 1.443 *	- 1.446 *	- 1.446 *
	(- 0.991)	(- 0.990)	(- 0.990)	(- 0.992)	(- 0.759)	(- 0.760)	(- 0.759)	(- 0.759)
NWC	- 0.280	- 0.288	- 0.270	- 0.285	- 0.395 **	- 0.395 **	- 0.395 **	- 0.395 **
	(- 0.652)	(- 0.651)	(- 0.653)	(- 0.652)	(- 0.181)	(- 0.182)	(- 0.182)	(- 0.181)
ROA	7.601 ***	7.571 ***	7.612 ***	7.583 ***	5.426 ***	5.405 ***	5.410 ***	5.453 ***
	(1.850)	(1.852)	(1.845)	(1.854)	(1.574)	(1.575)	(1.574)	(1.573)
Size	- 0.779 ***	- 0.779 ***	- 0.778 ***	- 0.781 ***	- 1.090 ***	- 1.091 ***	- 1.090 ***	- 1.090 ***
	(- 0.130)	(- 0.130)	(- 0.130)	(- 0.130)	(- 0.0857)	(- 0.0857)	(- 0.0857)	(- 0.0857)
Hedge	0.451	0.455	0.445	0.450	0.131	0.132	0.132	0.131
	(0.325)	(0.326)	(0.325)	(0.326)	(0.221)	(0.221)	(0.221)	(0.221)
Creditline	- 0.177	- 0.181	- 0.173	- 0.178	- 0.144	- 0.145	- 0.146	- 0.141
	(- 0.153)	(- 0.153)	(- 0.153)	(- 0.154)	(- 0.106)	(- 0.106)	(- 0.106)	(- 0.106)
Assetsale	0.251	0.291	0.250	0.287	1.652	1.654	1.713	1.627
	(2.851)	(2.850)	(2.852)	(2.853)	(3.698)	(3.706)	(3.700)	(3.690)

续表

变量名	Tobin's Q							
	CR4 = 0（垄断）				CR4 = 1（竞争）			
	总	现金	负债	股利	总	现金	负债	股利
Constant	-0.152**	-0.160**	-0.146**	-0.165**	0.0874	0.0795	0.0764	0.0962*
	(-0.0715)	(-0.0700)	(-0.0708)	(-0.0714)	(0.0553)	(0.0520)	(0.0550)	(0.0561)
Observations	2,808	2,808	2,808	2,808	4,574	4,574	4,574	4,574
Number of code	1,090	1,090	1,090	1,090	1,460	1,460	1,460	1,460
R-squared	0.261	0.261	0.262	0.261	0.428	0.428	0.428	0.428

注：稳健标准误 $***p < 0.01$，$**p < 0.05$，$*p < 0.1$。

3. 不同公司成长性下的分组检验

为了验证公司成长性对财务柔性水平影响公司价值的作用，本研究通过对全样本进行分组，即成长型公司（CZX = 0）、成熟型公司（CZX = 1）与衰退型公司（CZX = 2）。

从表 5 - 6 回归结果可以看出，模型回归结果显示，成熟型公司（CZX = 1）的财务柔性偏离理论预期水平 Score 的系数最为显著，分别为 -0.112、-0.353、-0.305 和 -0.294，这说明成熟型公司（CZX = 1）的财务柔性偏离理论预期水平 Score 与公司价值负相关，即成熟型公司（CZX = 1）保持较高的财务柔性会有损公司价值。该结论验证了研究假设 6。

表 5 - 6   公司成长性分类回归结果

变量名	Tobin's Q							
	CZX = 0（成长型）				CZX = 1（成熟型）			
	总	现金	负债	股利	总	现金	负债	股利
Score	-0.0186	-0.0681	-0.0576	-0.0335	-0.112*	-0.353**	-0.305*	-0.294*
	(-0.051)	(-0.148)	(-0.145)	(-0.148)	(-0.060)	(-0.176)	(-0.172)	(-0.171)
CapEx	11.83***	11.84***	11.83***	11.83***	14.47***	14.48***	14.46***	14.47***
	(2.436)	(2.439)	(2.431)	(2.438)	(4.321)	(4.306)	(4.330)	(4.328)
CF	0.753	0.753	0.754	0.754	-0.746	-0.766	-0.719	-0.739
	(1.225)	(1.225)	(1.225)	(1.225)	(-2.036)	(-2.051)	(-2.027)	(-2.036)

续表

变量名	Tobin's Q							
	CZX = 0（成长型）				CZX = 1（成熟型）			
	总	现金	负债	股利	总	现金	负债	股利
NWC	0.281***	-0.281***	-0.281***	-0.282***	-0.572**	-0.572**	-0.574**	-0.573**
	(0.0578)	(-0.0580)	(-0.0578)	(-0.0577)	(-0.259)	(-0.258)	(-0.259)	(-0.261)
ROA	2.441	2.455	2.430	2.417	-2.430	-2.516	-2.470	-2.404
	(2.498)	(2.495)	(2.495)	(2.503)	(-4.646)	(-4.668)	(-4.653)	(-4.643)
Size	1.075***	-1.075***	-1.076***	-1.075***	-1.892***	-1.892***	-1.892***	-1.892***
	(0.195)	(-0.195)	(-0.194)	(-0.195)	(-0.422)	(-0.422)	(-0.423)	(-0.423)
Hedge	0.298	0.299	0.297	0.299	-0.176	-0.168	-0.178	-0.184
	(0.244)	(0.245)	(0.244)	(0.244)	(-0.684)	(-0.683)	(-0.684)	(-0.685)
Creditline	-0.106	-0.108	-0.106	-0.105	0.200	0.189	0.203	0.200
	(-0.153)	(-0.153)	(-0.154)	(-0.153)	(0.342)	(0.340)	(0.343)	(0.343)
Assetsale	-1.809	-1.842	-1.808	-1.749	-1.744	-1.600	-1.824	-1.672
	(-3.431)	(-3.406)	(-3.437)	(-3.443)	(-6.575)	(-6.552)	(-6.589)	(-6.549)
Constant	0.332***	0.336***	0.334***	0.321***	0.623***	0.621***	0.613***	0.608***
	(0.0799)	(0.0750)	(0.0795)	(0.0787)	(0.152)	(0.148)	(0.149)	(0.150)
Observations	1,545	1,545	1,545	1,545	1,467	1,467	1,467	1,467
Number of code	807	807	807	807	730	730	730	730
R-squared	0.445	0.445	0.445	0.445	0.444	0.445	0.444	0.444

变量名	Tobin's Q			
	CZX = 2（衰退型）			
	总	现金	负债	股利
Score	0.0453	0.129	0.147	0.112
	(0.0445)	(0.135)	(0.125)	(0.130)
CapEx	15.24***	15.22***	15.25***	15.24***
	(2.669)	(2.668)	(2.667)	(2.673)
CF	-1.358*	-1.346*	-1.365*	-1.362*
	(-0.775)	(-0.771)	(-0.777)	(-0.777)
NWC	-0.119	-0.120	-0.117	-0.119
	(-0.126)	(-0.127)	(-0.125)	(-0.127)

变量名	Tobin's Q			
	CZX = 2（衰退型）			
	总	现金	负债	股利
ROA	8.603***	8.579***	8.629***	8.625***
	(2.222)	(2.223)	(2.229)	(2.218)
Size	−0.930***	−0.932***	−0.928***	−0.930***
	(−0.116)	(−0.115)	(−0.116)	(−0.116)
Hedge	0.541*	0.539*	0.544*	0.539*
	(0.302)	(0.303)	(0.302)	(0.303)
Creditline	−0.262*	−0.266*	−0.258	−0.261*
	(−0.157)	(−0.157)	(−0.157)	(−0.157)
Assetsale	4.905	4.885	4.932	4.814
	(8.169)	(8.160)	(8.175)	(8.140)
Constant	0.223***	0.229***	0.215***	0.233***
	(0.0841)	(0.0817)	(0.0814)	(0.0851)
Observations	1,502	1,502	1,502	1,502
Number of code	794	794	794	794
R-squared	0.493	0.493	0.494	0.493

注：稳健标准误 *** $p < 0.01$，** $p < 0.05$，* $p < 0.1$（注：由于计算分组指标过程中部分数据缺失，造成了一定样本量的损失）。

4. 多元化与专业化的分组检验

为了验证公司多元化经营的程度对财务柔性水平影响公司价值的作用，本研究通过对全样本进行分组，即专业化经营公司与多元化经营公司。通过计算各行业主营收入占总主营收入的比重，将该比值大于或等于 10% 所涉及的行业分布个数定为上市公司行业数目，当行业数目大于等于 2 时取值为 1，表明公司采取多元化经营，否则为 0 即专业化经营。利用模型（3.1），分别对多元化经营的公司组与专业化经营的公司组进行多元回归分析，结果如表 5 - 7 所示。

从表 5 - 7 回归结果可以看出，根据 Model 1 回归结果，专业化经营公司（DYH = 0）与多元化经营公司（DYH = 1）的财务柔性水平 Score 的系数分别

表 5 - 7　　　　　　　　　　公司多元化与专业化分类回归结果

变量名	Tobin's Q							
	DYH＝0（专业化）				DYH＝1（多元化）			
	总	现金	负债	股利	总	现金	负债	股利
Score	- 0.0436 *	- 0.112 *	- 0.139 **	- 0.120 *	- 0.0721 **	- 0.214 **	- 0.180 *	- 0.223 **
	（ - 0.022）	（ - 0.065）	（ - 0.064）	（ - 0.065）	（0.035）	（ - 0.096）	（ - 0.010）	（ - 0.105）
CapEx	10.94 ***	10.93 ***	10.94 ***	10.94 ***	15.29 ***	15.32 ***	15.27 ***	15.28 ***
	(1.212)	(1.212)	(1.213)	(1.213)	(2.093)	(2.094)	(2.092)	(2.091)
CF	- 0.0863	- 0.0832	- 0.0881	- 0.0889	- 1.194	- 1.201	- 1.187	- 1.184
	（ - 1.051）	（ - 1.053）	（ - 1.049）	（ - 1.052）	（ - 1.013）	（ - 1.013）	（ - 1.014）	（ - 1.013）
NWC	- 0.391 **	- 0.391 **	- 0.391 **	- 0.391 **	- 0.632 **	- 0.632 **	- 0.632 **	- 0.633 **
	（ - 0.160）	（ - 0.161）	（ - 0.160）	（ - 0.161）	（ - 0.269）	（ - 0.269）	（ - 0.269）	（ - 0.269）
ROA	4.920 ***	4.892 ***	4.920 ***	4.933 ***	4.954 **	4.953 **	4.895 **	4.967 **
	(1.781)	(1.784)	(1.779)	(1.781)	(2.114)	(2.117)	(2.125)	(2.107)
Size	1.085 ***	1.086 ***	1.085 ***	1.084 ***	1.269 ***	1.267 ***	1.272 ***	- 1.271 ***
	(0.084)	(0.084)	(0.084)	(0.084)	(0.160)	(0.160)	(0.160)	（ - 0.160）
Hedge	0.286	0.288	0.286	0.285	- 0.0114	- 0.0104	- 0.0171	- 0.00519
	(0.207)	(0.207)	(0.207)	(0.207)	（ - 0.323）	（ - 0.323）	（ - 0.323）	（ - 0.323）
Creditline	- 0.226 **	- 0.227 **	- 0.227 **	- 0.225 **	- 0.0326	- 0.0336	- 0.0346	- 0.0313
	（ - 0.093）	（ - 0.093）	（ - 0.093）	（ - 0.093）	（ - 0.164）	（ - 0.164）	（ - 0.164）	（ - 0.164）
Assetsale	1.169	1.166	1.189	1.204	0.228	0.272	0.321	0.144
	(3.236)	(3.244)	(3.233)	(3.231)	(3.762)	(3.757)	(3.769)	(3.762)
Constant	- 0.0953 *	- 0.108 **	- 0.0894 *	- 0.0989 *	0.264 ***	0.258 ***	0.250 ***	0.270 ***
	（ - 0.052）	（ - 0.050）	（ - 0.051）	（ - 0.051）	（0.066）	（0.060）	（0.065）	（0.068）
Observations	4,563	4,563	4,563	4,563	2,372	2,372	2,372	2,372
Number of code	1,337	1,337	1,337	1,337	749	749	749	749
R-squared	0.385	0.385	0.385	0.385	0.490	0.490	0.490	0.491

注：稳健标准误 *** $p < 0.01$，** $p < 0.05$，* $p < 0.1$。

为 - 0.0436 和 - 0.0721，财务柔性水平与公司价值均呈现显著的负相关关系，但多元化经营的公司的系数绝对值较大。此结果与郎和斯图尔兹（Lang & Stulz，1994）以及约翰和奥菲克（John & Ofek，1995）的观点一致，即多元化经营的公司（DYH＝1）持有偏离预期理论水平的财务柔性，更易损害公司价值。这是因为多元化经营公司（DYH＝1）的业务经营范围比较广，各业务之间有互补作用，具有一定的经营柔性，而一般而言，公司的经营柔性通常需要消耗公司财务资源来获得，多元化经营的公司（DYH＝1）由于其业务的多元化，业务范围较广，经营柔性已经较高，若继续保持较高的财务柔性，则不利于公司的发展，有损公司价值。而专业化公司（DYH＝0）业务渠道比较单一，各业务之间不具有互补作用，因而不具有财务柔性，若保持较高的财务柔性，对公司危害相对较小。Model 2、Model 3、Model 4 具有类似的回归结果。

5. 不同融资约束下的分组检验

为了验证公司融资约束程度对财务柔性水平影响公司价值的作用，本研究通过使用公司规模和公司年龄两个随时间变化不大且具有很强外生性的变量构建了 AC 指数：$-0.737 \times Size + 0.043 \times Size2 - 0.04 \times Age$。对全样本进行分组，分为融资约束低、中、高三类公司。利用 Model 1、Model 2、Model 3、Model 4，分别对三类进行多元回归分析，结果如表 5-8 所示。

表 5-8 公司融资约束分类回归结果

变量名	Tobin's Q							
	AC ＝ 0（低）				AC ＝ 1（中）			
	总	现金	负债	股利	总	现金	负债	股利
Score	-0.110***	-0.325***	-0.321***	-0.292***	-0.081***	-0.237***	-0.215***	-0.235
	(0.0275)	(0.0789)	(0.0804)	(0.0784)	(0.0261)	(0.0756)	(0.0752)	(0.0757)
CapEx	12.35***	12.36***	12.35***	12.35***	7.981***	7.977***	7.967***	7.988***
	(1.258)	(1.259)	(1.258)	(1.259)	(1.565)	(1.565)	(1.566)	(1.566)
CF	-4.832***	-4.810**	-4.843***	-4.851***	0.955	0.974	0.946	0.960
	(1.866)	(1.869)	(1.865)	(1.866)	(1.561)	(1.562)	(1.564)	(1.561)
NWC	-0.298	-0.299	-0.296	-0.299	-1.358***	-1.352***	-1.364***	-1.361***
	(0.190)	(0.190)	(0.190)	(0.190)	(0.438)	(0.438)	(0.440)	(0.439)
ROA	4.237*	4.157*	4.314*	4.208*	4.684**	4.615**	4.690**	4.690**
	(2.500)	(2.504)	(2.499)	(2.506)	(2.271)	(2.274)	(2.273)	(2.271)

续表

变量名	Tobin's Q							
	AC =0（低）				AC =1（中）			
	总	现金	负债	股利	总	现金	负债	股利
Size	-1.942***	-1.941***	-1.940***	-1.942***	-1.791***	-1.793***	-1.792***	-1.790***
	(0.131)	(0.131)	(0.131)	(0.131)	(0.172)	(0.172)	(0.172)	(0.172)
Hedge	0.437*	0.436*	0.439*	0.437*	-0.159	-0.152	-0.158	-0.167
	(0.238)	(0.237)	(0.238)	(0.238)	(0.254)	(0.254)	(0.254)	(0.254)
Creditline	0.0535	0.0514	0.0554	0.0501	-0.312***	-0.317***	-0.311***	-0.311***
	(0.110)	(0.110)	(0.110)	(0.111)	(0.114)	(0.114)	(0.114)	(0.115)
Assetsale	9.210**	9.255**	9.086**	9.333**	1.473	1.480	1.675	1.449
	(4.579)	(4.592)	(4.564)	(4.589)	(3.768)	(3.770)	(3.767)	(3.768)
Constant	0.314***	0.303***	0.313***	0.299***	0.232***	0.221***	0.221***	0.232***
	(0.0725)	(0.0694)	(0.0727)	(0.0713)	(0.0787)	(0.0755)	(0.0781)	(0.0788)
Observations	2,461	2,461	2,461	2,461	2,461	2,461	2,461	2,461
Number of code	648	648	648	648	952	952	952	952
R-squared	0.674	0.674	0.674	0.674	0.406	0.406	0.406	0.406

变量名	Tobin's Q			
	AC =2（高）			
	总	现金	负债	股利
Score	-0.0476	-0.0982	-0.151*	-0.159*
	(0.0298)	(0.0865)	(0.0865)	(0.0876)
CapEx	0.346	0.365	0.332	0.339
	(1.631)	(1.634)	(1.633)	(1.626)
CF	-0.432	-0.430	-0.427	-0.441
	(1.249)	(1.251)	(1.250)	(1.245)
NWC	-0.222	-0.228	-0.222	-0.216
	(0.246)	(0.244)	(0.245)	(0.247)
ROA	11.06***	11.04***	11.06***	11.06***
	(2.001)	(2.005)	(2.001)	(1.998)
Size	-1.086***	-1.088***	-1.086***	-1.085***
	(0.137)	(0.137)	(0.137)	(0.137)

变量名	Tobin's Q			
	AC = 2（高）			
	总	现金	负债	股利
Hedge	−0.0355	−0.0350	−0.0350	−0.0350
	(0.271)	(0.271)	(0.271)	(0.271)
Creditine	−0.150	−0.152	−0.150	−0.151
	(0.160)	(0.159)	(0.160)	(0.160)
Assetsale	−2.065	−1.986	−2.085	−2.081
	(3.544)	(3.547)	(3.542)	(3.548)
Constant	−0.149**	−0.174***	−0.143**	−0.139**
	(0.0593)	(0.0578)	(0.0596)	(0.0585)
Observations	2,460	2,460	2,460	2,460
Number of code	978	978	978	978
R-squared	0.164	0.164	0.165	0.165

注：稳健标准误 *** $p < 0.01$，** $p < 0.05$，* $p < 0.1$。

从表 5 - 8 的回归结果可以看出，模型回归结果显示，低融资约束（AC = 0）的公司的财务柔性偏离理论预期水平 Score 的系数最为显著，分别为 −0.110、−0.325、−0.321 和 −0.292，这说明低融资约束（AC = 0）的公司的财务柔性偏离理论预期水平 Score 与公司价值负相关，即具有低融资约束（AC = 0）的公司保持较高的财务柔性会有损公司价值。这是因为融资约束是企业保持财务柔性的前提之一，企业面临融资约束问题越严重，越需要提高财务柔性。而低融资约束（AC = 0）的企业不需要保留过多的财务柔性。因此当财务柔性超出理论预期水平，融资约束较低的企业保持较高的财务柔性便会损害公司价值。

6. 不同公司属性的分组检验

为了验证公司属性对财务柔性水平影响公司价值的作用，本研究通过对全样本进行分组，即地方国有、中央国有、其他。根据公司实际控制人的性质，将所有公司样本分为三类，分别为非国有企业（GSSX = 0）、地方国有企业（GSSX = 1）、中央国有企业（GSSX = 2）。

从表 5 - 9 的回归结果可以看出，模型回归结果显示，中央国有公司

（GSSX = 2）的财务柔性偏离理论预期水平 Score 的系数最为显著，分别为 − 0.117、− 0.304、− 0.339 和 − 0.353，表明中央国有公司（GSSX = 2）的财务柔性偏离理论预期水平 Score 与公司价值负相关，此结果与杨兴全和张照南（2008）的观点一致，即中央国有公司（GSSX = 2）保持较高的财务柔性会有损公司价值。这是因为在面临不确定性时，无论是现有资源保障还是未来资源保障，中央国有企业（GSSX = 2）都比其他企业更加容易取得。因此当财务柔性超出理论预期水平，那么中央国有企业（GSSX = 2）保持较高的财务柔性便会损害公司价值。

表 5 – 9 　　　　　　　　　　　　公司属性分类回归结果

变量名	Tobin's Q							
	GSSX = 0（非国有）				GSSX = 1（地方国有）			
	总	现金	负债	股利	总	现金	负债	股利
Score	− 0.0614 **	− 0.173 **	− 0.176 **	− 0.175 **	− 0.0681 **	− 0.198 **	− 0.182 *	− 0.204 **
	（− 0.0279）	（− 0.0820）	（− 0.0784）	（− 0.0806）	（− 0.035）	（− 0.0994）	（− 0.099）	（− 0.103）
CapEx	11.39 ***	11.40 ***	11.39 ***	11.39 ***	11.89 ***	11.90 ***	11.89 ***	11.89 ***
	（1.393）	（1.394）	（1.393）	（1.394）	（2.014）	（2.014）	（2.014）	（2.014）
CF	− 0.937	− 0.927	− 0.944	− 0.940	− 1.016	− 1.032	− 0.995	− 1.017
	（− 1.197）	（− 1.197）	（− 1.197）	（− 1.198）	（− 1.260）	（− 1.265）	（− 1.259）	（− 1.259）
NWC	− 0.405 ***	− 0.405 ***	− 0.405 ***	− 0.405 ***	− 0.325	− 0.327	− 0.324	− 0.324
	（− 0.155）	（− 0.155）	（− 0.155）	（− 0.155）	（− 0.287）	（− 0.287）	（− 0.287）	（− 0.287）
ROA	7.414 ***	7.372 ***	7.411 ***	7.420 ***	2.267	2.278	2.230	2.281
	（1.990）	（1.993）	（1.989）	（1.991）	（2.078）	（2.081）	（2.080）	（2.077）
Size	− 0.938 ***	− 0.939 ***	− 0.938 ***	− 0.938 ***	− 1.596 ***	− 1.594 ***	− 1.597 ***	− 1.596 ***
	（− 0.0912）	（− 0.0913）	（− 0.0912）	（− 0.0911）	（− 0.172）	（− 0.172）	（− 0.172）	（− 0.172）
Hedge	0.259	0.262	0.257	0.259	0.222	0.220	0.230	0.218
	（0.242）	（0.243）	（0.242）	（0.242）	（0.243）	（0.242）	（0.245）	（0.243）
Creditline	− 0.344 ***	− 0.347 ***	− 0.343 ***	− 0.342 ***	0.115	0.113	0.113	0.116
	（− 0.128）	（− 0.128）	（− 0.128）	（− 0.128）	（0.157）	（0.156）	（0.157）	（0.157）
Assetsale	− 1.467	− 1.440	− 1.437	− 1.467	5.013	5.014	5.129	4.922
	（− 3.518）	（− 3.521）	（− 3.514）	（− 3.517）	（5.485）	（5.501）	（5.502）	（5.466）

变量名	Tobin's Q							
	GSSX = 0（非国有）				GSSX = 1（地方国有）			
	总	现金	负债	股利	总	现金	负债	股利
Constant	0.0315	0.0215	0.0299	0.0296	-0.000704	-0.00848	-0.00927	0.000355
	(0.0505)	(0.0479)	(0.0492)	(0.0501)	(-0.072)	(-0.0687)	(-0.0714)	(0.0734)
Observations	4,287	4,287	4,287	4,287	2,007	2,007	2,007	2,007
Number of code	1,211	1,211	1,211	1,211	460	460	460	460
R-squared	0.310	0.310	0.310	0.310	0.508	0.508	0.508	0.508

变量名	Tobin's Q			
	GSSX = 2（中央国有）			
	总	现金	负债	股利
Score	-0.117 ***	-0.304 **	-0.339 ***	-0.353 ***
	(-0.045)	(-0.126)	(-0.130)	(-0.131)
CapEx	20.53 ***	20.54 ***	20.52 ***	20.53 ***
	(2.447)	(2.450)	(2.450)	(2.446)
CF	-1.736	-1.737	-1.733	-1.740
	(-1.772)	(-1.776)	(-1.768)	(-1.769)
NWC	-0.677	-0.682	20.52 ***	-0.679
	(-0.502)	(-0.503)	(2.450)	(-0.502)
ROA	7.816 **	7.737 **	7.793 **	7.896 ***
	(3.010)	(3.019)	(3.003)	(3.002)
Size	-1.090 ***	-1.087 ***	-1.091 ***	-1.091 ***
	(-0.151)	(-0.151)	(-0.151)	(-0.150)
Hedge	0.600	0.600	0.583	0.619
	(0.393)	(0.398)	(0.391)	(0.393)
Creditline	-0.124	-0.123	-0.134	-0.122
	(-0.160)	(-0.159)	(-0.161)	(-0.159)
Assetsale	1.656	1.843	1.592	1.730
	(4.357)	(4.351)	(4.381)	(4.349)
Constant	0.458 ***	0.429 ***	0.457 ***	0.465 ***
	(0.148)	(0.144)	(0.147)	(0.150)
Observations	1,088	1,088	1,088	1,088

变量名	Tobin's Q			
	GSSX = 2（中央国有）			
	总	现金	负债	股利
Number of code	234	234	234	234
R-squared	0.586	0.586	0.586	0.586

注：稳健标准误 *** p < 0.01，** p < 0.05，* p < 0.1。

5.6 稳健性检验

在得到联立方程组各方程的残差后，利用现金方程残差、负债方程残差、股利支付方程残差来进行主成分分析，并利用主成分分析法确定现金方程残差、负债方程残差、股利支付方程残差的权重，来计算上市公司的财务柔性综合得分，然后本研究利用这种方法确定的财务柔性综合得分来对公司价值做回归，作为对前面模型的稳健性检验，验证财务柔性对公司价值的影响。

5.6.1 全样本稳健性检验

利用模型（1），对全样本在包含财务柔性综合得分平方项的情况下进行稳健性检验，回归结果如表 5 – 10 所示。

表 5 – 10 全样本稳健性结果

变量名	Tobin's Q
	模型（1）
Score	−0.250 **
	（−0.113）
Score^2	0.141 **
	（0.0597）
CapEx	13.72 ***
	（1.077）
CF	−1.328 *
	（−0.783）

变量名	Tobin's Q
	模型（1）
NWC	−0.500 ***
	（−0.160）
ROA	6.046 ***
	（1.325）
Size	−1.077 ***
	（−0.0734）
Hedge	0.241
	（0.167）
Creditline	−0.170 *
	（−0.0883）
Assetsale	1.382
	（2.572）
Constant	0.0173
	（0.0446）
Observations	7,382
Number of code	1,766
R-squared	0.410

注：稳健标准误 *** p < 0.01，** p < 0.05，* p < 0.1。

由表 5 – 10 中 Model1 的回归结果可以看出，财务柔性水平 Score 的一次项系数为 −0.250，二次项系数 0.141 且均在 5% 水平上显著，这表明公司价值随着公司财务柔性水平对其理论预期水平的偏离而呈现出先降低后增高的趋势，而本研究的数据有共有 97.7% 数据落在此"U"型曲线的左半部分，即公司价值随着公司财务柔性水平对其理论预期水平的偏离而降低，进一步验证了假设 1，即公司财务柔性水平对其理论预期水平的偏离与其公司价值是负相关的，偏离程度越大，越有损公司价值。

5.6.2　分类稳健性检验

本研究也进一步利用前面的分类标准和新构建的综合得分进行了分组检

验，结果如表 5 - 11 所示。

表 5 - 11　　　　　　　　　　　分类稳健性结果

变量名	Tobin's Q						
	HHI		CR4		CZX		
	HHI = 0	HHI = 1	CR4 = 0	CR4 = 1	CZX = 0	CZX = 1	CZX = 2
Score	- 0.358 *	- 0.0326	- 0.245	- 0.194	- 0.359	- 0.558	0.377
	(- 0.186)	(- 0.171)	(- 0.18)	(- 0.136)	(- 0.368)	(- 0.473)	(0.384)
$Score^2$	0.0506	0.0770	0.241 **	0.127 *	0.334	0.224	- 0.106
	(0.138)	(0.116)	(0.118)	(0.0689)	(0.216)	(0.391)	(- 0.452)
CapEx	14.60 ***	12.67 ***	10.97 ***	13.39 ***	11.83 ***	14.46 ***	15.24 ***
	(1.504)	(1.702)	(2.691)	(1.362)	(2.425)	(4.322)	(2.668)
CF	- 2.390	- 0.551	- 0.106	- 1.480 *	0.703	- 0.734	- 1.351 *
	(- 1.455)	(- 0.737)	(- 0.985)	(- 0.761)	(1.231)	(- 2.049)	(- 0.769)
NWC	0.508 ***	- 0.450	- 0.265	- 0.397 **	0.278 ***	- 0.580 **	- 0.127
	(0.174)	(- 0.312)	(- 0.657)	(- 0.183)	(0.06)	(- 0.265)	(- 0.127)
ROA	7.483 ***	4.010 **	7.672 ***	5.339 ***	2.689	- 2.406	8.403 ***
	(2.098)	(1.726)	(1.852)	(1.578)	(2.537)	(- 4.698)	(2.213)
Size	1.094 ***	1.068 ***	0.759 ***	1.077 ***	1.062 ***	1.885 ***	0.931 ***
	(0.106)	(0.0878)	(0.133)	(0.0878)	(0.196)	(0.426)	(0.116)
Hedge	0.273	0.170	0.471	0.138	0.352	- 0.194	0.534 *
	(0.221)	(0.261)	(0.327)	(0.222)	(0.242)	(- 0.684)	(0.301)
Creditine	- 0.198	- 0.243 **	- 0.159	- 0.144	- 0.0967	0.192	- 0.263
	(- 0.131)	(- 0.108)	(- 0.154)	(- 0.106)	(- 0.154)	(0.338)	(- 0.16)
Assetsale	- 0.695	3.256	0.463	1.626	- 1.779	- 1.368	4.989
	(- 3.295)	(4.498)	(2.879)	(3.695)	(- 3.488)	(- 6.583)	(8.156)
Constant	0.0976	- 0.0869	0.222 ***	0.0600	0.354 ***	0.622 ***	0.172 *
	(0.062)	(- 0.0741)	(0.0814)	(0.0566)	(0.103)	(0.177)	(0.0997)
Observations	4, 529	2, 853	2808	4, 574	1545	1467	1502
Number of code	1, 301	993	1090	1, 460	807	730	794
R-squared	0.373	0.471	0.262	0.428	0.446	0.443	0.494

变量名	Tobin's Q							
	GSSX			DYH		AC		
	GSSX = 0	GSSX = 1	GSSX = 2	DYH = 0	DYH = 1	AC = 0	AC = 1	AC = 2
Score	-0.243	-0.11	-0.566*	-0.416***	-0.101	-0.365**	-0.346**	-0.297*
	(-0.154)	(-0.181)	(-0.33)	(-0.135)	(-0.21)	(0.172)	(0.145)	(0.159)
Score^2	0.167**	0.047	0.323*	-0.276***	0.0811	0.0111	0.331***	0.295***
	(0.0831)	(0.0818)	(0.179)	(-0.0762)	(0.1000)	(0.0934)	(0.0972)	(0.0921)
CapEx	11.42***	11.89***	20.60***	10.99***	15.27***	12.32***	8.021***	0.294
	(1.399)	(2.016)	(2.463)	(1.211)	(2.093)	(1.265)	(1.579)	(1.660)
CF	-0.979	-0.993	-1.897	-0.135	-1.193	-4.807**	0.910	-0.667
	(-1.206)	(-1.268)	(-1.768)	(-1.051)	(-1.021)	(1.862)	(1.579)	(1.280)
NWC	0.405***	-0.319	-0.696	-0.393**	-0.635**	-0.302	-1.340***	-0.209
	(0.156)	(-0.289)	(-0.506)	(-0.16)	(-0.267)	(0.192)	(0.446)	(0.255)
ROA	7.336***	2.213	8.000***	4.936***	4.707**	4.240*	4.457*	11.34***
	(2.000)	(2.092)	(3.007)	(1.781)	(2.149)	(2.504)	(2.274)	(2.042)
Size	0.929***	1.590***	1.056***	1.062***	1.270***	-1.943***	-1.766***	-1.018***
	(0.0929)	(0.178)	(0.15)	(0.0843)	(0.163)	(0.132)	(0.176)	(0.143)
Hedge	0.271	0.237	0.584	0.296	-0.00889	0.439*	-0.131	0.0180
	(0.243)	(0.243)	(0.400)	(0.208)	(-0.322)	(0.238)	(0.257)	(0.271)
Creditline	0.336***	0.103	-0.118	-0.211**	-0.0396	0.0343	-0.307***	-0.115
	(0.128)	(0.156)	(-0.16)	(-0.0933)	(-0.163)	(0.110)	(0.115)	(0.158)
Assetsale	-1.362	5.108	2.303	0.981	0.591	8.625*	0.307	-1.558
	(-3.513)	(5.588)	(4.464)	(3.213)	(3.759)	(4.726)	(3.722)	(3.503)
Constant	-0.00906	-0.0742	0.417**	-0.0778	0.176**	0.298***	0.146*	-0.190***
	(-0.0553)	(-0.0741)	(0.165)	(-0.0569)	(0.0758)	(0.0786)	(0.0813)	(0.0636)
Observations	4287	2007	1088	4563	2372	2,461	2,461	2,460
Number of code	1211	460	234	1337	749	648	952	978
R-squared	0.309	0.506	0.585	0.387	0.489	0.673	0.408	0.171

注：稳健标准误 *** $p<0.01$，** $p<0.05$，* $p<0.1$。

　　就竞争程度而言，本研究利用赫芬达尔指数（HHI）和 CR4 指数两方面来验证行业竞争角度下，财务柔性和公司价值的相关关系。从表 5–11 的回归结果可以看出，模型回归结果显示，垄断型公司（HHI = 0、CR4 = 0）的财务柔性偏离理论预期水平与公司价值仍呈比较显著的负相关关系，与前面的结论一致。

　　就多元化与专业化而言，从表 5 - 11 的回归结果可以看出，专业化经营公司（DYH = 0）财务柔性水平 Score 的一次项系数和二次项系数分别为 - 0.416 和 - 0.276，并且在 1% 的显著性水平上显著，表明财务柔性水平与公司价值呈现先上升后下降的倒"U"型关系，又由于"U"型的中轴为负，表明当公司具有财务柔性的时候，多元化经营的公司（DYH = 1）持有更多的偏离预期理论水平的财务柔性时，对公司价值的损害更大。

　　就融资约束程度而言，从表 5 - 11 的回归结果可以看出，模型回归结果显示，融资约束较低（AC = 0）的公司的财务柔性偏离理论预期水平与公司价值呈负相关关系。因此当财务柔性超出理论预期水平，融资约束较低（AC = 0）的企业保持较高的财务柔性便会损害公司价值。

　　就公司属性而言，从表 5 - 11 的回归结果可以看出，模型回归结果显示中央国有公司的财务柔性偏离理论预期水平 Score 的一次项系数和二次项系数分别为 - 0.566 与 0.243，且比较显著，而此"U"型曲线的中轴为 0.876，而有大部分数据落在"U"型曲线的左侧，说明中央国有公司（GSSX = 2）的财务柔性偏离理论预期水平 Score 与公司价值负相关，即中央国有公司保持较高的财务柔性会有损公司价值。

　　综上所述，本研究得出，采用主成分分析法确定权重从而计算财务柔性综合得分，得到的结论与第 4 章利用主观赋权法的结论基本一致。

5.7　结论

　　本研究使用我国 2007 ~ 2017 年沪深 A 股上市公司经过模糊处理的 7382 个财务数据，通过理论假设与实证分析探究了偏离理论预期水平的财务柔性与公司价值之间的相关关系，在此基础上进一步对五个不同分组情况下财务柔性与公司价值之间的相关关系进行实证检验。本研究发现：企业偏离理论预期值的现金柔性与公司价值呈负相关；企业偏离理论预期值的负债柔性与公司价值呈负相关；企业偏离理论预期值的股利柔性与公司价值呈负相关；处于垄断行业的企业持有偏离理论预期水平的更多财务柔性，越易损害公司价值；处于成熟期的企业，持有偏离理论预期水平的更多财务柔性，越易损害公司价值；上市公司多元化经营程度越高的企业，持有偏离理论预期水平的更多财务柔性，越易损害公司价值；具有较低融资约束的企业，持有偏离理论预期水平更多的财务柔性，越易损害公司价值；中央国有企业，持有偏离理论预期水平更多的财务柔性，越易损害公司价值。

第6章 基于行业信息的财务柔性
指数与企业价值

6.1 引言

财务柔性与企业投资决策、融资决策以及股利决策政策息息相关。探讨财务柔性和企业价值之间的关系，对企业加深柔性意识、完善柔性组织以及构建财务管理整体框架具有一定的借鉴意义。

本研究在梳理国内外关于财务柔性和企业价值之间关系文献的基础上，结合行业竞争、企业成长性、多元化经营、融资约束以及公司属性等相关理论，提出了财务柔性和企业价值之间关系的研究假设。利用我国 2007~2017 年沪深 A 股上市公司的样本数据，通过多元回归分析方法检验了财务柔性和企业价值之间的关系以及不同公司特征下财务柔性和公司价值关系的差异性特征。

全样本回归结果表明：财务柔性水平与公司价值之间呈倒"U"型关系。分组回归结果显示：行业竞争越激烈，企业储备的财务柔性对企业价值的正向促进作用越明显；处于成长期的企业，企业储备的财务柔性对企业价值的正向促进作用越明显；上市公司多元化经营程度越高，财务柔性水平越低，企业储备的财务柔性对公司价值的促进作用越不明显；公司的财务柔性水平受融资约束的影响，与融资约束程度正相关，融资约束程度越高，企业储备的财务柔性水平对公司价值的影响越大；与国有上市公司相比，非国有上市公司储备的财务柔性对公司价值的提升作用更显著，国有上市公司中，地方国有上市公司储备的财务柔性水平比中央国有上市公司的财务柔性对公司价值的提升作用更明显。

尽管国内学者认同适当的储备财务柔性对公司价值有一定的正向促进作用，但在实证方面研究较少，本研究通过主成分分析法对综合指标降维，把财务柔性作为一个整体来研究其对公司价值的影响。并且，目前对财务柔性的研究还是基于财务柔性的内涵、影响渠道以及影响因素，而本研究在此基础上分别从行业竞争、公司成长性、多元化经营、企业融资约束、公司属性等不同的视角研究了财务柔性对企业价值的影响。

6.2 理论分析与研究假设

比尔莱特和加芬科尔（Billett & Garfinkel，2004）曾利用模型，实证研究了美国银行的财务柔性水平与公司价值的关系，得到的结论是柔性越大的银行，可以更容易通过资本市场套利，以更低的成本获得外部融资，从而提升公司价值。比尤（Byoun，2011）等学者也对财务柔性水平与公司价值的关系做了不同角度的分析，他们认为财务柔性的储备可以视作一种契约关系，能够帮助企业应对未来的不确定冲击，有利于提升公司价值，但是财务柔性本身并不能代表企业价值。阿斯兰等（Arslan et al.，2014）以 1994～2009 年的东亚公司作为研究样本，把这些公司划分为四个阶段，即亚洲金融危机前期（1994～1996 年）、亚洲金融危机时期（1997～1998 年）、亚洲金融危机后期（1999～2006 年）和美国次贷危机时期（2007～2009 年），然后通过实证研究得到结论，在危机前储备的财务柔性可以帮助公司预防一定的危机冲击，财务柔性水平高能够带来公司价值的提升，但是财务柔性水平也不是越高越好。国内学者顾乃康等（2011）从现金持有的角度来分析了财务柔性与公司投资的关系，得出公司当前财务柔性水平的提高会影响到公司未来投资水平的结论。姜付秀和黄继承（2011）等也从负债的角度说明财务柔性会对公司价值产生影响。马春爱和张亚芳（2013）通过建立财务柔性综合指数，将样本公司分组，分别研究了高、中、低水平财务柔性对公司价值的不同影响。曾爱民等（2013）通过研究金融危机前储备财务柔性的公司在危机期间的投资行为，也指出了财务柔性对公司价值的影响。

公司财务柔性水平的大小会影响到公司价值。由融资优序理论可得，公司财务柔性水平越高，增加现金持有和负债，对公司把握有利的投资机会进而提高经济效益会起到一定的积极作用。但是，过度的财务柔性又容易导致公司的代理问题。由代理理论可得，公司所有者与管理者的目标函数并不一致，公司所有者追求的是公司价值最大化，而公司的管理者很可能为了逐利产生一些自利行为，这又会导致财务柔性的"代理效应"。一方面，低的负债虽然能降低公司陷入财务困境的可能，但同时也弱化了对公司管理者的硬约束，强化了管理者的自利行为，可能对公司价值造成不利影响；另一方面，管理者自身自利的动机使他希望持有更多的现金，而高现金持有容易造成管理者盲目乐观，做出次优化决策，不利于提高公司价值。因此，财务柔性并非越高越好，适度的财务柔性发挥着积极的缓冲效应，有利于提高公司价值；而过度的财务柔性则可能产生消极的代理效应，进而损害公司价值。因此提出假设1：

假设1：财务柔性水平与公司价值之间呈倒"U"型关系。

从不同的市场结构来看，企业不仅要衡量现金的持有价值，同时还要考虑企业所持有的现金是否可以帮助企业取得在行业竞争上的优势。如果企业处于竞争激烈的行业中，企业为了不被整个行业所淘汰，势必就要不断地进行技术革新，降低生产成本，提高经营效率，持续开发新产品。另外，激烈的竞争又会导致企业持有的现金流频繁波动，在这种背景下，企业持有充足的现金以获取竞争优势显得更加重要。杨兴全和孙杰（2007）认为，企业不仅要衡量现金的持有价值，同时还要考虑企业所持有的现金是否可以帮助企业取得在行业竞争上的优势。杨兴全和曾义（2014）认为如果企业处于竞争激烈的行业中，激烈的竞争会导致企业持有现金流频繁波动，在这种背景下，企业持有充足的现金以获取竞争优势显得更加重要。而李雪和于晓红（2008）认为垄断企业的不确定性主要来源于市场需求不足，而非竞争，因此相对于竞争型企业来说，垄断型企业的不确定性较弱。

从某种意义上来说，行业竞争的加剧使得企业经营环境的不确定性增强。而垄断行业，其产品不存在更新换代的问题，经营风险主要是市场需求不足，而非竞争，销售商品或提供服务的价格相对稳定，收益现金流的波动性也不大，环境不确定性较弱。企业储备财务柔性主要是为了应对不确定性，在不确定性高的环境中，财务柔性对风险的预防和对机会的利用作用能够更好地体现。因此提出假设2：

假设2：行业竞争越激烈，企业储备的财务柔性对企业价值的正向促进作用越明显。

从公司不同的成长阶段来看，阿斯兰等（2014）研究了1997年亚洲金融危机前、中、后期以及2007年美国次贷危机期间财务柔性与公司业绩变现的关系，发现在危机发生前储备了较高财务柔性的公司，在危机时期公司业绩受金融危机打击的影响较小，表现出了较好的业绩。

成长期的企业经营状况不稳定，所处环境的不确定性较高。因此，成长期企业需要保存较多的现金来应对较高的不确定性，但同时又面临着较多的投资机会，有较大的投资资金支出需求。因此在这一阶段，预期公司绩效对财务柔性的敏感度相对较高。成熟期的企业经营状况相对比较稳定，前期的投资已经开始有较高的回报，后期资本支出较少，对外借款需求较低，现金流入量要大于现金流出量，在此阶段的企业可以有充裕的自由现金流量以及较少的负债，因此预期公司绩效对财务柔性的敏感度要比成长期企业的敏感度低。衰退期的企业经营状况呈现下滑趋势，盈利能力较差，现金流入量降低，同时，衰退期企业面对较大的外部融资约束，企业内部产生现金流的能力很弱，还可能需要偿还前期所欠下的债务。并且这一阶段企业的价值创造活动相对少，公司绩效并不乐观，在企业进入衰退期的大背景下，公司绩效对财务柔性的敏感度相对较低。因此提出假设3：

假设3：处于成长期的企业，企业储备的财务柔性对企业价值的正向促进作用越明显。

从企业不同的经营方式来看，施莱弗等（1992）认为多元化经营与负债水平是正相关的，即公司的内部资本市场可以通过多元化经营来提高负债水平。博尔和帕尔（Bohl & Pal，2006）通过研究英国企业得出结论，公司的多元化经营程度在一定水平上与财务杠杆正相关，当多元化水平达到一个临界值时，转化为负相关，即公司多元化程度与负债水平呈倒"U"型关系。杜奇（Duchin，2010）运用美国1990~2006年的数据，通过实证研究发现多元化经营与现金持有呈现负相关关系。我国的学者胡挺等（2014）从房地产企业多元化经营的视角，分析了房地产企业的财务柔性，从资本结构等多个角度探究公司多元化经营与财务柔性和公司价值的关系。王福胜和宋海旭（2012）通过实证发现，多元化经营的公司通过内部资本市场提高资金的使用效率，会持有较少的现金柔性。

根据权衡理论，公司通过权衡保持一定的财务柔性带来的收益与成本，会得到一个最优的财务柔性水平。专业化公司所经营的业务类别单一，业务收入集中，由此导致对经营风险的承受能力较弱，未来一旦错失有利的投资机会或遭受其他不利的冲击，极可能会陷入财务困境，因此，为避免资金流断裂对公司发展造成影响，专业化经营的公司预防性动机极强，对持现和负债融资更为保守，即更倾向采取高额持现和低财务杠杆的政策来保持公司的财务柔性。而多元化经营的公司行业种类多，业务范围广，由于多个行业的投资方式和投资机会在时空分布上不完全同步，使得其现金流也不完全相关，这就为其内部资本市场重新配置资金提供了一定的可能性，提高了资金的使用效率，降低了企业陷入财务困境的可能性。同时，多元化经营的公司一般都有一定的规模，即使遭遇了临时性的融资需求，也可以通过出售部分非核心资产实现短期融资。因此，多元化经营的公司相对于专业化经营的公司来说，预防性动机没有那么强烈，会更愿意用现金或负债融资进行多元化投资，最终降低公司财务柔性水平。因此提出假设4：

假设4：上市公司多元化经营程度越高，财务柔性水平越低，企业储备的财务柔性对公司价值的促进作用越不明显。

从企业的融资约束程度来看，法扎里等（Fazzari et al.，1987）提出融资约束假说，指出资本市场的不完全性导致公司内部融资和外部融资成本不同，公司面临融资约束的问题，融资约束高的公司财务柔性水平也高。卡普兰和辛加勒斯（Kaplan & Zingales，1997）根据同样的样本容量，用不同的融资约束分类方法，得出与法扎里等（1987）相反的结论，即融资约束较低的公司现金流敏感性更高。马奇卡和穆拉（Marchica & Mura，2010）实证表明，财务柔性公司的财务杠杆通常较低，有利于通过资本市场融资，把握有利的投资机会，提升公司价值。我国学者顾乃康和孙进军（2012）通过实证检验得出融资约束低的公司财务柔性水平与现金流的波动没有显著关系，而融资约束高的公司与财务柔性有显著的正相关关系。

根据财务柔性理论的预期，有现金储备的公司外部融资压力较小，更容易把握投资机会，提高公司价值。而根据融资优序理论，融资约束公司外部融资压力大、成本高，容易陷入财务困境，不利于把握投资机会。由于财务柔性的持有成本较低，公司就将内部现金流的一部分用于储备现金柔性和负债柔性，以应对财务困境，把握有利的投资机会。公司的融资约束程度越高，越倾向于通过持有内部现金流来储备财务柔性。一方面，公司通过提高现金持有量来增加现金柔性；另一方面，公司通过清偿部分负债来增加未来的负债柔性。因此提出假设5：

假设5：公司的财务柔性水平受融资约束的影响，与融资约束程度正相关，融资约束程度越高，企业储备的财务柔性对公司价值的影响越大。

从不同的公司属性来看，卡瓦加和米安（Khwaja & Mian，2005）通过对巴基斯坦的实证研究表明，拥有政治关联的公司因信用风险而发生的违约可能较高，但这种政治关联可以使企业更容易地获取信贷。查鲁米利恩德等（Charumilind et al.，2006）通过对泰国的实证研究表明，拥有政治关联的公司能够在提供较少资产抵押的情况下获得银行贷款。我国学者李斌和江伟（2006）通过实证研究得出结论，国有上市公司与非国有公司相比，能更容易取得债券融资。刘名旭和向显湖（2014）指出国有公司与非国有公司相比，财务柔性水平较低。陈筱彦等（2015）通过实证研究表明，非国有上市公司在2008年金融危机后现金持有的市场价值高于危机前，但国有上市公司在危机前后，现金持有的价值没有显著变化。

由于我国极为特殊的制度背景，上市公司的资本结构以及现金持有水平都会受到产权性质的显著影响，使得其融资约束和抗风险的能力有所差异。国有企业因其政治关联，在需要的时候能够得到政府在政治上和资金上的有力支持，能够更容易地在急剧变化的不确定性环境中获取所需资金，也可以以低的贷款利率和少的限制性条款获得银行贷款，宽松的外部融资环境会弱化财务柔性储备水平对公司价值的提升作用，因此，国有企业通常并不需要保持较高的财务柔性水平，与非国有企业相比，债务水平更高，债务期限更长，中央国有企业与地方国有企业，因其政治关联度亲疏，情况亦是如此。但非国有企业不存在与政治的亲缘关系，受到政府的支持相对较少，融资约束很强，因此，需要保持较高的财务柔性储备水平，即保持较高的现金持有量和剩余举债能力去应对环境不确定性对公司造成的不利影响。因此提出假设6：

假设6：与国有上市公司相比，非国有上市公司储备的财务柔性对公司价值的提升作用更显著；国有上市公司中，地方国有上市公司储备的财务柔性水平比中央国有上市公司的财务柔性对公司价值的提升作用更明显。

6.3　基于行业信息的财务柔性指数构建

总结之前的学术研究，主流的文献大多采用单指标判断法和多指标结合法和多指标综合法三种方法来衡量公司的财务柔性。本研究利用多指标综合法的思路，采用综合指数度量财务柔性，选用货币资金和短期投资之和除以年末总资产作为现金指标，资产负债率作为杠杆指标，股利支付率作为权益指标，然后利用主成分分析法将现金指标、杠杆指标和权益指标进行降维得到综合得分和综合得分的平方来测度财务柔性指标。

为了排除样本数据存在较大差异的可能性，将样本按行业分类求取行业平均值，然后将原始数据与行业平均值对比求得差值，进而通过使用主成分分析法对三维指标进行降维。进行主成分分析前，为了统一量纲，再对三维指标的差值数据进行标准化处理，即用差值数据减去差值数据的平均值再除以差值数据的标准差，并对股利支付率和资产负债率进行正向化处理，即用最大值减去指标值再除以序列极差，利用这一系列处理过后的数据进行主成分分析，得出每个指标的方差贡献率，将方差贡献率作为权数对这三个指标分别赋权，赋权之后加总从而得到每一家公司在 2007～2017 年的综合得分以及综合得分平方项，作为测度财务柔性的指标。

为确保实证结果的可靠性，参照上述三个指标按主成分分析法进行数据处理，进一步将货币资金和短期投资之和除以年末总资产、资产负债率、股利支付率和资产出售四个指标，以及货币资金和短期投资之和除以年末总资产、资产负债率、股利支付率、资产出售、信用额度和套期保值六个指标分别利用主成分分析法进行降维处理，得到每一家公司在 2007～2017 年的综合得分以及综合得分平方项来测度财务柔性指标，用此指标进行稳健性检验。

6.4　研究设计

6.4.1　样本选取与数据来源

1. 样本选取

本研究选取我国 2007～2017 年沪深 A 股上市公司为研究样本，为了提高实证研究的可行性以及研究结果的可靠程度，按照下列原则筛选样本：（1）剔除金融类公司；（2）剔除在样本期间"ST""ST*"的公司，这些公司或者财务状况异常，或者已连续亏损两年以上；（3）根据上市时间剔除数据缺失的样本；（4）根据行业进行分类，剔除样本企业数目少于 5 家的所有行业，以保证数据的有效性；（5）剔除具有异常值样本数据，即剔除资产负债率大于 1 的资不抵债的公司，剔除股利支付率小于 0 和大于 1 的公司，剔除 Tobin's Q 大于 100 和小于 –100 的异常值公司；（6）对样本进行缩尾处理。

2. 数据来源

财务数据来自 Wind 金融数据库，部分缺失或错误数据通过巨潮资讯网查找企业原始报表数据予以补充和修正。

6.4.2　变量设计

1. 被解释变量

本研究选用托宾 Q 值作为企业价值的替代变量，托宾 Q 值是公司市场价值和资产重置成本之比，与其他指标相比，托宾 Q 值能够更好地反映企业的长期价值，并且现有研究中大多数学者都倾向于使用托宾 Q 值作为企业价值的代表。

2. 解释变量

（1）综合得分：本研究采用的是综合指数度量财务柔性，利用现金指标、杠杆指标和权益指标构成多维财务柔性指标，为了排除样本数据存在较大差异的可能性，将样本按行业分类并与行业对比求得差值，为了统一量纲将差值进行标准化处理，考虑到方向性问题将标准化后的数据进行正向化处理，然后利用正向化处理之后的数据使用主成分分析法对多维指标进行降维。其中将货币资金和短期投资之和除以年末总资产作为现金指标的替代变量，资产负债率作为负债指标的替代变量，股利支付率作为股利指标的替代变量，采用主成分分析中得出的方差贡献率对这三个指标进行赋权，从而得到每一家公司在2007～2017 年的综合得分以及综合得分的平方项，作为测度财务柔性的指标；

（2）综合得分的平方：将综合得分进行平方之后所得。

3. 分组变量

依据第 5 章的分组变量，本研究也通过行业集中率、赫芬达尔指数、企业成长性、多元化经营、融资约束以及公司属性六种方法对样本进行分组检验，以观测不同特征企业财务柔性对公司价值的影响差异。

4. 控制变量

除了财务柔性影响公司绩效以外，还存在其他影响公司绩效的因素，本研究借鉴已有的研究结果，将已有研究指出会影响公司绩效的若干因素作为控制变量，包括资产出售 Assetsale、资本支出 CapEx、净营运资本 NWC、盈利能力 ROA、公司规模 Size、现金流量 CF、信用额度 Creditline 以及套期保值 Hedge（参见表 6 - 1）。

表 6 - 1　　　　　　　　　　变量设计

变量类型	变量名称	变量符号	变量定义
被解释变量	托宾 Q	Tobin's Q	企业的市场价值/企业的重置成本
解释变量	综合得分	Score	将现金柔性，负债柔性，权益柔性根据主成分分析法对其赋权，最后降维
	综合得分的平方	$Score^2$	将综合得分进行平方
控制变量	资产出售	Assetsale	（处理固定资产、无形资产和其他无形资产收回的金额 + 处置子公司收回的金额）/年末总资产
	资本支出	CapEx	构建固定资产、无形资产和其他长期资产所支付的现金净额
	净营运资本	NWC	（流动资产 - 现金 - 流动负债）/年末总资产
	盈利能力	ROA	息税前利润/年末总资产
	公司规模	Size	Ln（年末总资产）
	经营现金流	CF	经营性净现金流/年初总资产
	银行授信额度	Creditline	当公司获得授信额度时为1，否则为0
	套期保值	Hedge	当公司进行套期保值时为1，否则为0

6.4.3 实证模型

构建模型（6.1）、模型（6.2）检验财务柔性与公司价值之间的关系，然后按照不同的分组方式分别进行实证研究。

$$Tobin'sQ_{i,t} = \alpha_0 + \alpha_1 \times Score_{i,t} + \alpha_2 \times Score^2_{i,t} + \alpha_3 \times Assetsale_{i,t} + \alpha_4 Creditline_{i,t} + \alpha_5 Hedge_{i,t} + \alpha_6 CF_{i,t} + \alpha_7 NWC_{i,t} + \alpha_8 ROA_{i,t} + \alpha_9 Size_{i,t} + \alpha_{10} CapEx_{i,t} + \varepsilon \tag{6.1}$$

$$Tobin'sQ_{i,t} = \alpha_0 + \alpha_1 \times Score_{i,t} + \alpha_2 \times Assetsale_{i,t} + \alpha_3 Creditline_{i,t} + \alpha_4 Hedge_{i,t} + \alpha_5 CF_{i,t} + \alpha_6 NWC_{i,t} + \alpha_7 ROA_{i,t} + \alpha_8 Size_{i,t} + \alpha_9 CapEx_{i,t} + \varepsilon \tag{6.2}$$

6.5 实证分析

本研究采用多元回归的分析方法，对财务柔性与企业价值的相关性进行实证检验。首先对研究的各变量进行描述性统计，然后对变量之间的相关关系进行检验，进而利用 2007～2017 年的面板数据将现金、负债和权益三指标构建的财务柔性指标对公司价值做多元回归分析，验证财务柔性对公司价值的影响，最后运用现金、负债、权益和资产出售四指标构建的财务柔性指标以及现金、负债、权益、资产出售、信用额度和套期保值六指标构建的财务柔性指标对公司价值做多元回归分析以进行稳健性检验。

6.5.1 描述性统计

表 6-2 是全样本下变量的描述性统计分析结果，包括样本量、平均值、标准差、最小值和最大值。

表 6-2　　　　　　　　　　　描述性统计

变量名	样本量	平均值	标准差	最小值	最大值
Tobin's Q	23259	2.55518	2.955119	0.0635666	23.50059
Score	23259	0.4523545	0.3025578	-0.365252	1.525562
Score²	23259	0.2969973	0.3503111	0.0000555	2.327339

变量名	样本量	平均值	标准差	最小值	最大值
Assetsale	23259	0.0063896	0.021772	−0.0001646	0.1944553
CapEx	23259	0.0593163	0.0733289	0.0000345	0.5719692
NWC	23259	0.0048757	0.3554805	−3.201342	0.6254421
ROA	23259	0.0577703	0.0593102	−0.211088	0.288207
Size	23259	21.96004	1.305571	19.1444	26.44199
CF	23259	0.1063574	0.1685331	−0.2029698	1.600403
Creditline	23259	0.0847844	0.2785666	0	1
Hedge	23259	0.0563223	0.230548	0	1

从描述性统计分析结果可以看出，企业价值 Tobin's Q 的平均值为 2.555，最小值为 0.064，最大值为 23.501，这说明我国上市公司价值存在很明显的差异，正是由于这种差异使得本研究的实证研究具有意义。综合得分 Score 的平均值为 0.452，标准差为 0.303，可以看出虽然我国上市公司已经有储备财务柔性的意识，但是整体来看财务柔性并不高，最大值为 1.526，最小值为 −0.365，这说明各上市企业的储备的财务柔性差异很大，甚至有部分企业严重缺乏柔性。同样，综合得分的平方 Score^2 也存在较大的差异。

控制变量方面，资产出售 Assetsale 的平均值为 0.006，这说明我国上市公司资产出售普遍较低，最大值为 0.194，最小值为 −0.00016，并且企业之间存在很明显的差异。净营运资本 NWC 的平均值为 0.00487，最大值为 0.625，最小值为 −3.201，说明有的企业流动资产远大于流动负债，而有的企业流动负债要远大于流动资产，企业运营资本存在很大差异。公司规模 Size 的平均值为 21.960，最大值为 26.442，最小值为 19.144，说明我国各上市公司的规模普遍比较大，同时也存在显著差异。经营现金流 CF 的平均值为 0.106，最大值为 1.600，最小值为 −0.203，说明有的企业的经营现金流为负，需融资补充经营活动现金。

6.5.2　相关性分析

相关性分析见表 6−3。

表 6 – 3   相关性分析

	Tobin's Q	Score	Score^2	Assetsale	CapEx
Tobin's Q	1				
Score	0. 0863 ***	1			
Score^2	0. 058 ***	0. 8658 ***	1		
Assetsale	0. 0319 ***	0. 0171	0. 0123	1	
CapEx	0. 3066 ***	− 0. 0177	− 0. 0199	− 0. 0057	1
NWC	− 0. 0449 ***	0. 0016	0. 0068	− 0. 002	− 0. 0365 ***
ROA	0. 1245 ***	0. 0406 ***	0. 0404 ***	− 0. 0075	0. 0288 ***
Size	− 0. 3917 ***	− 0. 0356 ***	− 0. 0584 ***	− 0. 0566 ***	− 0. 0585 ***
CF	− 0. 0193	0. 0125	0. 0074	0. 0083	− 0. 0134
Creditline	− 0. 1014 ***	− 0. 0468 ***	− 0. 0342 ***	− 0. 0248 ***	0. 0076
Hedge	− 0. 0392 ***	− 0. 024 ***	− 0. 018	− 0. 0093	0. 0111

	NWC	ROA	Size	CF	Creditline	Hedge
NWC	1					
ROA	0. 005	1				
Size	0. 0081	0. 0216 **	1			
CF	0. 0046	0. 0689 ***	0. 0827 ***	1		
Creditline	0. 0014	− 0. 0062	0. 2603 ***	− 0. 018	1	
Hedge	− 0. 0076	0. 0051	0. 1634 ***	− 0. 0107	0. 0595 ***	1

注：*** 表示在1% 水平（双侧）上显著相关，** 表示在5% 水平（双侧）上显著相关，** 表示在10% 水平（双侧）上显著相关。

根据相关性分析还可以检测变量之间是否有着共线性可能，从统计学意义上来说，解释变量之间的相关系数在0.8以上时可能会有共线性，会严重影响多元线性回归效果。从本次结果看变量间相关系数的绝对值绝大部分小于0.3，表明无共线性，可以进行回归分析。被解释变量托宾Q值除与经营现金流CF的相关关系不显著以外，与其余各变量均存在显著的相关关系。

相关系数显示，公司价值Tobin's Q与综合得分Score存在着显著的正相关关系，可以初步判断假设一是成立的，即适度的财务柔性有助于提升公司价值；公司价值Tobin's Q与资产出售Assetsale、资本支出CapEx、盈利能力ROA存在显著的正相关关系，可以初步说明资产出售、资本支出、盈利能力与提升公司价值呈现正相关关系；而公司价值 Tobin's Q 与净营运资本 NWC、公司规模 Size、现金流量 CF 以及套期保值 Hedge 存在显著的负相关关系。

解释变量综合得分 Score 与盈利能力 ROA 存在显著的正相关关系，可以初步判断适度的财务柔性储备可以提高公司的盈利能力；综合得分 Score 与公司规模 Size，存在显著的负相关关系，说明公司规模较大的企业自身具有强大的经济实力，本身抵御风险和进行投资的能力都比较强，当企业需要资金时能够迅速从各种渠道获得所需资金，可以保持相对较低的财务柔性水平；综合得分 Score 与信用额度 Creditline 以及套期保值 Hedge 存在显著的负相关关系，说明公司在获取一定的信用额度，进行套期保值后，可以保持相对较低的财务柔性水平。

大多数变量与其余变量存在或大或小的相关关系，但绝对值普遍在 0 ~ 0.1 之间，或不存在显著的相关关系，其中绝对值最大的是公司规模 Size 与信用额度 Creditline，其相关系数为 0.2603，整体上看各变量之间相关关系较弱。

6.5.3　多元回归分析

在全样本以及分组样本下，利用现金、负债和权益三指标构建的财务柔性指标对公司价值做多元回归分析，验证财务柔性对公司价值的影响。

1. 全样本回归分析

利用模型（1）和模型（2），对全样本分别在包含和不包含财务柔性综合得分平方项的情况下进行多元回归分析，回归结果如表 6 - 4 所示。

表 6 - 4　全样本回归结果

变量	Tobin's Q					
	三指标		四指标		六指标	
	模型（1）	模型（2）	模型（1）	模型（2）	模型（1）	模型（2）
Score	1.944 ***	0.638 ***	0.267 ***	0.157 ***	0.555 ***	0.452 ***
	(0.0921)	(0.0453)	(0.0927)	(0.0487)	(0.0918)	(0.0688)
Score^2	- 1.212 ***		- 0.0421		- 0.0307	
	(- 0.0789)		(- 0.0278)		(- 0.0210)	

变量	Tobin's Q					
	三指标		四指标		六指标	
	模型（1）	模型（2）	模型（1）	模型（2）	模型（1）	模型（2）
Assetsale	2.336**	2.375**				
	(1.116)	(1.127)				
Creditline	-0.156***	-0.186***	-0.197***	-0.198***		
	(-0.0512)	(-0.0511)	(-0.0511)	(-0.0510)		
Hedge	0.241**	0.230**	0.223**	0.224**		
	(0.0955)	(0.0966)	(0.0976)	(0.0977)		
CF	0.0195	-0.0147	-0.0299	-0.0257	-0.0568	-0.0474
	(0.150)	(-0.150)	(-0.150)	(-0.151)	(-0.149)	(-0.149)
NWC	-0.283***	-0.297***	-0.294***	-0.295***	-0.295***	-0.298***
	(-0.0900)	(-0.0905)	(-0.0909)	(-0.0909)	(-0.0909)	(-0.0907)
ROA	3.625***	3.617***	3.691***	3.682***	0.0358***	0.0359***
	(0.601)	(0.600)	(0.602)	(0.601)	(0.00598)	(0.00598)
Size	-1.157***	-1.129***	-1.120***	-1.119***	-1.111***	-1.112***
	(-0.0442)	(-0.0441)	(-0.0443)	(-0.0443)	(-0.0435)	(-0.0436)
CapEx	9.982***	10.04***	9.985***	9.983***	10.10***	10.08***
	(0.652)	(0.657)	(0.658)	(0.659)	(0.659)	(0.660)
Constant	26.63***	26.23***	26.26***	26.28***	25.90***	25.96***
	(0.978)	(0.979)	(0.984)	(0.984)	(0.967)	(0.970)
Observations	23,259	23,259	23,259	23,259	23,259	23,259
Number of CODE	3,312	3,312	3,312	3,312	3,312	3,312
R-squared	0.299	0.290	0.284	0.284	0.286	0.286

注：稳健标准误 *** p<0.01，** p<0.05，* p<0.1。

从表6-4的回归结果可以看出，在三指标模型中，根据模型（2）的回归结果，财务柔性水平 Score 的系数为0.638，财务柔性水平与公司价值呈现显著的正相关关系，这表明财务柔性水平高的公司，其公司价值也高，说明公司储备的财务柔性水平能使公司保持较大的发展潜力，有助于提升公司价值。根据模型（1）的回归结果，财务柔性水平 Score 及其平方项 $Score^2$ 的系数分别为1.944和-1.212，且均在1%水平上显著。经过计算企业价值的最高点对应的综合得分为 0.802，20829 个样本落在 0.802 的左侧，即财务柔性水平高的公司，其公司价值也高，2430 个样本落在 0.802 的右侧，即财务柔性水平高的公司，其公司价值反而较低，这表明公司价值随着财务柔性水平的增加而呈现出先增高后降低的趋势，此结果与时龙龙（2013）和张巍巍（2016）的观点一致，并验证了假设 1，即财务柔性与公司价值之间呈倒"U"型关系。财务柔性并非越高越好，适度的财务柔性能起到积极的缓冲效应，过度的财务柔性则会带来消极的代理效应。财务柔性只有保持在均衡点以下才能提高公司价值。

控制变量方面，资产出售 Assetsale 与公司价值呈显著的正相关关系；信用额度 Creditline 与公司价值呈显著的负相关关系；套期保值 Hedge 与公司价值呈显著的正相关关系，说明公司通过套期保值在一定程度上可以降低所面临的风险，从而提高市场价值；净营运资本 NWC 与公司价值呈显著的负相关关系，净营运资本是由企业的长期资金筹得的，由于长期资本成本大于流动负债的资本成本，企业的净营运资本增大将加大企业的总资本成本，减少企业的利润，从而降低市场价值；盈利能力 ROA 与公司价值呈显著的正相关关系，盈利能力较高说明公司发展势头较好，相应就有较高的市场价值；公司规模 Size 与公司价值呈显著的负相关关系，说明不能盲目扩大公司规模，随着公司规模的扩大，经营难度加大，内部组织成本增加，从而造成企业市场价值下降；资本支出 CapEx 与公司价值呈显著的正相关关系，说明随着公司市场价值的提升，各方面的支出也在逐步增加。

2. 分组样本回归分析

（1）不同的市场结构下财务柔性和公司价值的关系

首先来分析行业集中度（CR4），回归结果如表 6-5 所示：

表 6-5　　　　　　　　　　　行业集中度分类回归结果

变量	Tobin's Q					
	CR4 =0（垄断）					
	三指标		四指标		六指标	
	模型（1）	模型（2）	模型（1）	模型（2）	模型（1）	模型（2）
Score	1.820 ***	0.597 ***	0.399 ***	0.263 ***	0.785 ***	0.668 ***
	(0.144)	(0.0757)	(0.117)	(0.0876)	(0.142)	(0.117)

续表

变量	Tobin's Q					
	CR4 =0（垄断）					
	三指标		四指标		六指标	
	模型（1）	模型（2）	模型（1）	模型（2）	模型（1）	模型（2）
$Score^2$	-1.121***		-0.0539		-0.0472	
	(-0.124)		(-0.0567)		(-0.0435)	
Assetsale	6.428***	6.335***				
	(2.422)	(2.439)				
Creditline	-0.297***	-0.324***	-0.341***	-0.343***		
	(-0.0892)	(-0.0897)	(-0.0898)	(-0.0897)		
Hedge	0.276	0.270	0.276	0.280		
	(0.190)	(0.192)	(0.197)	(0.197)		
CF	-0.334	-0.377	-0.406	-0.399	-0.428	-0.423
	(-0.343)	(-0.343)	(-0.344)	(-0.344)	(-0.342)	(-0.342)
NWC	0.0243	0.0181	0.0164	0.0178	0.0208	0.0214
	(0.164)	(0.166)	(0.167)	(0.167)	(0.167)	(0.167)
ROA	5.336***	5.490***	5.668***	5.724***	0.0561***	0.0564***
	(0.873)	(0.867)	(0.887)	(0.884)	(0.00869)	(0.00865)
Size	-1.004***	-0.962***	-0.950***	-0.951***	-0.943***	-0.944***
	(-0.0676)	(-0.0677)	(-0.0683)	(-0.0683)	(-0.0673)	(-0.0673)
CapEx	5.201***	5.205***	5.060***	5.048***	5.255***	5.243***
	(1.237)	(1.249)	(1.250)	(1.254)	(1.261)	(1.261)
Constant	23.57***	22.87***	22.77***	22.81***	22.38***	22.44***
	(1.469)	(1.473)	(1.495)	(1.496)	(1.473)	(1.474)
Observations	9,459	9,459	9,459	9,459	9,459	9,459
Number of CODE	2,601	2,601	2,601	2,601	2,601	2,601
R-squared	0.170	0.157	0.149	0.148	0.152	0.152

变量	Tobin's Q					
	CR4 =1（竞争）					
	三指标		四指标		六指标	
	模型（1）	模型（2）	模型（1）	模型（2）	模型（1）	模型（2）
Score	2.127***	0.666***	0.225*	0.162**	0.525***	0.411***
	(0.122)	(0.0602)	(0.129)	(0.0694)	(0.122)	(0.0943)

续表

变量	Tobin's Q					
	CR4 = 1（竞争）					
	三指标		四指标		六指标	
	模型（1）	模型（2）	模型（1）	模型（2）	模型（1）	模型（2）
$Score^2$	−1.380 ***		−0.0247		−0.0323	
	（−0.108）		（−0.0390）		（−0.0298）	
Assetsale	0.984	1.067				
	（1.286）	（1.296）				
Creditline	−0.0833	−0.118 *	−0.128 *	−0.128 *		
	（−0.0660）	（−0.0658）	（−0.0658）	（−0.0658）		
Hedge	0.199	0.186	0.179	0.180		
	（0.121）	（0.124）	（0.125）	（0.125）		
CF	0.212	0.173	0.159	0.162	0.118	0.132
	（0.178）	（0.178）	（0.178）	（0.179）	（0.176）	（0.176）
NWC	−0.462 ***	−0.471 ***	−0.475 ***	−0.476 ***	−0.474 ***	−0.477 ***
	（−0.128）	（−0.129）	（−0.130）	（−0.130）	（−0.129）	（−0.129）
ROA	2.418 ***	2.321 ***	2.294 ***	2.269 ***	0.0220 ***	0.0220 ***
	（0.841）	（0.841）	（0.840）	（0.840）	（0.00836）	（0.00836）
Size	−1.164 ***	−1.138 ***	−1.128 ***	−1.127 ***	−1.115 ***	−1.117 ***
	（−0.0590）	（−0.0591）	（−0.0592）	（−0.0592）	（−0.0582）	（−0.0583）
CapEx	10.68 ***	10.75 ***	10.71 ***	10.71 ***	10.82 ***	10.80 ***
	（0.858）	（0.866）	（0.869）	（0.869）	（0.868）	（0.869）
Constant	26.72 ***	26.41 ***	26.42 ***	26.42 ***	25.99 ***	26.08 ***
	（1.314）	（1.319）	（1.323）	（1.323）	（1.302）	（1.307）
Observations	13,797	13,797	13,797	13,797	13,797	13,797
Number of CODE	2,792	2,792	2,792	2,792	2,792	2,792
R-squared	0.329	0.318	0.312	0.312	0.314	0.314

注：稳健标准误 *** $p < 0.01$，** $p < 0.05$，* $p < 0.1$。

为了验证企业竞争程度对财务柔性水平影响公司价值的作用，本研究通过对全样本进行分组，即垄断型企业（CR4 = 0）与竞争型企业（CR4 = 1）。利用模型（1）和模型（2），分别对垄断型企业与竞争型企业进行多元回归分析，结果如表6-5所示。从回归结果可以看出，从三指标模型来看，在模型（2）中，垄断型企业的财务柔性水平 Score 的系数为0.597，且在1%水平上显著，竞争型企业的财务柔性水平 Score 的系数为0.666，且在1%水平上显著，竞争型企业 Score 的系数大于垄断型企业。在模型（1）中，垄断型企业的财务柔性水平 Score 及其平方项 $Score^2$ 的系数分别为1.820和-1.121，且均在1%水平上显著，竞争型企业的财务柔性水平 Score 及其平方项 $Score^2$ 的系数分别为2.127和-1.380，且均在1%水平上显著，竞争型企业 Score 的系数大于垄断型企业。这说明竞争型企业对财务柔性的敏感度比垄断型企业要高，此结果与施源（2015）的观点一致，验证了假设二，即行业竞争越激烈，企业储备的财务柔性对企业价值的正向促进作用越明显。接下来分析赫芬达尔指数（HHI），如表6-6所示。

表6-6 赫芬达尔指数分类回归结果

变量	Tobin's Q					
	HHI=0（垄断）					
	三指标		四指标		六指标	
	模型（1）	模型（2）	模型（1）	模型（2）	模型（1）	模型（2）
Score	1.954***	0.656***	0.262**	0.180***	0.486***	0.393***
	(0.114)	(0.0584)	(0.123)	(0.0667)	(0.128)	(0.0921)
$Score^2$	-1.197***		-0.0329		-0.0275	
	(-0.0955)		(-0.0370)		(-0.0267)	
Assetsale	2.554*	2.571*				
	(1.533)	(1.549)				
Creditline	-0.194***	-0.221***	-0.234***	-0.235***		
	(-0.0717)	(-0.0723)	(-0.0726)	(-0.0725)		
Hedge	0.307**	0.298**	0.293**	0.293**		
	(0.131)	(0.132)	(0.133)	(0.133)		
CF	0.126	0.0683	0.0521	0.0549	0.0262	0.0338
	(0.205)	(0.205)	(0.205)	(0.206)	(0.203)	(0.204)
NWC	-0.180*	-0.185*	-0.186*	-0.187*	-0.186*	-0.187*
	(-.102)	(-0.104)	(-0.104)	(-0.104)	(-0.104)	(-0.104)

续表

变量	Tobin's Q					
	HHI = 0（垄断）					
	三指标		四指标		六指标	
	模型（1）	模型（2）	模型（1）	模型（2）	模型（1）	模型（2）
ROA	3.453***	3.496***	3.570***	3.573***	0.0350***	0.0352***
	(0.800)	(0.797)	(0.800)	(0.799)	(0.00793)	(0.00793)
Size	−1.135***	−1.100***	−1.087***	−1.086***	−1.081***	−1.082***
	(−0.0553)	(−0.0552)	(−0.0553)	(−0.0553)	(−0.0545)	(−0.0545)
CapEx	9.441***	9.529***	9.474***	9.481***	9.576***	9.568***
	(0.847)	(0.853)	(0.855)	(0.855)	(0.859)	(0.859)
Constant	26.22***	25.68***	25.63***	25.63***	25.36***	25.41***
	(1.219)	(1.219)	(1.226)	(1.226)	(1.207)	(1.209)
Observations	14,706	14,706	14,706	14,706	14,706	14,706
Number of CODE	2,688	2,688	2,688	2,688	2,688	2,688
R-squared	0.261	0.250	0.244	0.244	0.245	0.244

变量	Tobin's Q					
	HHI = 1（竞争）					
	三指标		四指标		六指标	
	模型（1）	模型（2）	模型（1）	模型（2）	模型（1）	模型（2）
Score	2.168***	0.651***	0.362***	0.178**	0.636***	0.532***
	(0.168)	(0.0753)	(0.0963)	(0.0798)	(0.148)	(0.0980)
Score^2	−1.439***		−0.0673***		−0.0362	
	(−0.155)		(−0.0246)		(−0.0639)	
Assetsale	1.651	1.849				
	(1.669)	(1.676)				
Creditline	−0.133*	−0.169**	−0.183**	−0.182**		
	(−0.0758)	(−0.0743)	(−0.0743)	(−0.0740)		
Hedge	0.229*	0.230*	0.222	0.228*		
	(0.134)	(0.137)	(0.139)	(0.138)		
CF	−0.139	−0.173	−0.212	−0.199	−0.206	−0.198
	(−0.236)	(−0.235)	(−0.237)	(−0.237)	(−0.237)	(−0.237)
NWC	−0.367**	−0.402**	−0.391**	−0.393**	−0.400**	−0.403**
	(−0.159)	(−0.159)	(−0.161)	(−0.161)	(−0.160)	(−0.160)

变量	Tobin's Q					
	HHI = 1（竞争）					
	三指标		四指标		六指标	
	模型（1）	模型（2）	模型（1）	模型（2）	模型（1）	模型（2）
ROA	3.646 ***	3.524 ***	3.576 ***	3.548 ***	0.0343 ***	0.0342 ***
	(0.899)	(0.900)	(0.908)	(0.907)	(0.00907)	(0.00906)
Size	−1.192 ***	−1.159 ***	−1.150 ***	−1.151 ***	−1.145 ***	−1.146 ***
	(−0.0728)	(−0.0725)	(−0.0726)	(−0.0726)	(−0.0719)	(−0.0720)
CapEx	10.27 ***	10.31 ***	10.27 ***	10.24 ***	10.36 ***	10.35 ***
	(1.117)	(1.129)	(1.132)	(1.135)	(1.133)	(1.134)
Constant	27.25 ***	26.79 ***	26.78 ***	26.86 ***	26.50 ***	26.57 ***
	(1.605)	(1.604)	(1.612)	(1.612)	(1.592)	(1.600)
Observations	8,551	8,551	8,551	8,551	8,551	8,551
Number of CODE	2,078	2,078	2,078	2,078	2,078	2,078
R-squared	0.347	0.336	0.330	0.329	0.333	0.333

注：稳健标准误 *** $p < 0.01$，** $p < 0.05$，* $p < 0.1$。

同行业集中度（CR4）相同，为了验证企业竞争程度对财务柔性水平影响公司价值的作用，本研究通过对全样本进行分组，即垄断型企业（HHI = 0）与竞争型企业（HHI = 1）。利用模型（1）和模型（2），分别对垄断型企业与竞争型企业进行多元回归分析，结果如表 6 − 6 所示。从回归结果可以看出，从三指标模型来看，在模型（1）中，垄断型企业（HHI = 0）的财务柔性水平 Score 及其平方项 $Score^2$ 的系数分别为 1.954 和 −1.197，且均在 1% 水平上显著，竞争型企业（HHI = 1）的财务柔性水平 Score 及其平方项 $Score^2$ 的系数分别为 2.168 和 −1.439，且均在 1% 水平上显著，竞争型企业 Score 的系数大于垄断型企业。这说明竞争型企业对财务柔性的敏感度比垄断型企业要高，此结果与施源（2015）的观点一致，并验证了假设 2，即行业竞争越激烈，企业储备的财务柔性对企业价值的正向促进作用越明显。

（2）不同的成长阶段下财务柔性和公司价值的关系（见表 6 - 7）

表 6 - 7　　　　　　　　　公司成长性分类回归结果

变量	Tobin's Q					
	CZX = 0（成长型）					
	三指标		四指标		六指标	
	模型（1）	模型（2）	模型（1）	模型（2）	模型（1）	模型（2）
Score	2.245***	0.875***	0.989***	0.453***	1.198***	0.598***
	(0.236)	(0.130)	(0.188)	(0.140)	(0.184)	(0.213)
Score^2	-1.331***		-0.333**		-0.245***	
	(-0.198)		(-0.131)		(-0.0558)	
Assetsale	1.136	1.227				
	(2.992)	(3.021)				
Creditline	-0.327***	-0.334***	-0.331***	-0.326***		
	(-0.107)	(-0.107)	(-0.106)	(-0.106)		
Hedge	0.139	0.151	0.164	0.177		
	(0.170)	(0.172)	(0.175)	(0.176)		
CF	-0.0605	-0.0761	-0.148	-0.104	-0.101	-0.0852
	(-0.215)	(-0.216)	(-0.215)	(-0.216)	(-0.216)	(-0.219)
NWC	-0.0921	-0.102	-0.0923	-0.0978	-0.0937	-0.0988
	(-0.158)	(-0.158)	(-0.160)	(-0.160)	(-0.159)	(-0.160)
ROA	3.518***	3.309***	3.439***	3.256**	0.0321**	0.0310**
	(1.257)	(1.267)	(1.299)	(1.300)	(0.0128)	(0.0126)
Size	-1.120***	-1.105***	-1.083***	-1.089***	-1.093***	-1.098***
	(-0.0815)	(-0.0813)	(-0.0800)	(-0.0803)	(-0.0804)	(-0.0803)
CapEx	12.35***	12.37***	12.37***	12.34***	12.50***	12.44***
	(1.695)	(1.710)	(1.717)	(1.719)	(1.714)	(1.717)
Constant	25.81***	25.73***	25.34***	25.61***	25.35***	25.67***
	(1.814)	(1.820)	(1.790)	(1.804)	(1.801)	(1.803)
Observations	4,838	4,838	4,838	4,838	4,838	4,838
R-squared	0.366	0.358	0.354	0.351	0.355	0.352
Number of CODE	1,808	1,808	1,808	1,808	1,808	1,808

变量	Tobin's Q					
	CZX = 1 （成熟型）					
	三指标		四指标		六指标	
	模型（1）	模型（2）	模型（1）	模型（2）	模型（1）	模型（2）
Score	1.929***	0.642***	0.295**	0.164*	0.690***	0.696***
	(0.252)	(0.108)	(0.125)	(0.0930)	(0.243)	(0.171)
$Score^2$	−1.218***		−0.0445		0.00229	
	(−0.196)		(−0.0368)		(0.102)	
Assetsale	4.533	4.685				
	(3.185)	(3.240)				
Creditline	−0.274**	−0.309***	−0.329***	−0.332***		
	(−0.112)	(−0.113)	(−0.113)	(−0.113)		
Hedge	0.356*	0.356*	0.333	0.334		
	(0.208)	(0.209)	(0.211)	(0.211)		
CF	−0.00553	−0.0849	−0.0752	−0.0686	−0.0726	−0.0727
	(−0.282)	(−0.284)	(−0.287)	(−0.286)	(−0.285)	(−0.286)
NWC	−0.168	−0.168	−0.165	−0.165	−0.168	−0.168
	(−0.105)	(−0.112)	(−0.109)	(−0.109)	(−0.110)	(−0.110)
ROA	3.711***	3.682***	3.922***	3.885***	0.0370***	0.0370***
	(1.185)	(1.189)	(1.212)	(1.209)	(0.0119)	(0.0119)
Size	−1.104***	−1.073***	−1.064***	−1.064***	−1.066***	−1.066***
	(−0.0919)	(−0.0920)	(−0.0928)	(−0.0927)	(−0.0919)	(−0.0919)
CapEx	10.92***	11.03***	10.91***	10.93***	11.07***	11.07***
	(1.403)	(1.409)	(1.412)	(1.413)	(1.409)	(1.409)
Constant	25.51***	25.05***	25.08***	25.12***	24.89***	24.89***
	(2.061)	(2.062)	(2.087)	(2.083)	(2.059)	(2.059)
Observations	4,775	4,775	4,775	4,775	4,775	4,775
R-squared	0.346	0.336	0.329	0.328	0.334	0.334
Number of CODE	1,916	1,916	1,916	1,916	1,916	1,916

续表

变量	Tobin's Q					
	CZX＝2（衰退型）					
	三指标		四指标		六指标	
	模型（1）	模型（2）	模型（1）	模型（2）	模型（1）	模型（2）
Score	1.917***	0.614***	0.0564	0.0749	0.207	0.105
	(0.207)	(0.113)	(0.185)	(0.114)	(0.277)	(0.170)
Score^2	−1.151***		0.00556		−0.0269	
	(−0.170)		(0.0322)		(−0.0649)	
Assetsale	0.0723	0.130				
	(2.261)	(2.295)				
Creditline	−0.0487	−0.0821	−0.0949	−0.0945		
	(−0.170)	(−0.171)	(−0.170)	(−0.170)		
Hedge	−0.202	−0.215	−0.212	−0.212		
	(−0.256)	(−0.256)	(−0.256)	(−0.256)		
CF	0.248	0.197	0.205	0.204	0.227	0.231
	(0.384)	(0.385)	(0.387)	(0.387)	(0.381)	(0.382)
NWC	−0.394**	−0.407**	−0.402**	−0.402**	−0.401**	−0.402**
	(−0.176)	(−0.176)	(−0.177)	(−0.177)	(−0.177)	(−0.177)
ROA	2.283	2.278	2.344	2.340	0.0232	0.0233
	(1.861)	(1.873)	(1.853)	(1.852)	(0.0186)	(0.0186)
Size	−1.409***	−1.366***	−1.361***	−1.361***	−1.371***	−1.370***
	(−0.143)	(−0.143)	(−0.144)	(−0.143)	(−0.142)	(−0.142)
CapEx	9.555***	9.746***	9.711***	9.708***	9.691***	9.699***
	(1.841)	(1.852)	(1.859)	(1.857)	(1.857)	(1.857)
Constant	32.46***	31.77***	31.91***	31.91***	32.05***	32.05***
	(3.192)	(3.197)	(3.216)	(3.213)	(3.186)	(3.188)
Observations	4,741	4,741	4,741	4,741	4,741	4,741
R-squared	0.311	0.302	0.297	0.297	0.297	0.297
Number of CODE	1,804	1,804	1,804	1,804	1,804	1,804

注：稳健标准误 *** p < 0.01，** p < 0.05，* p < 0.1。

为了验证企业生命周期对财务柔性水平影响公司价值的作用，本研究通过对全样本进行分组，即成长型企业（CZX＝0）、成熟型企业（CZX＝1）和衰退型企业（CZX = 2）。利用模型（1）和模型（2），分别对成长型企业、成熟型企业和衰退型企业进行多元回归分析，结果如表6-7所示。根据回归结果，从三指标模型来看，在模型（1）中，成长型企业的财务柔性水平 Score 及其平方项 $Score^2$ 的系数分别为2.245和-1.331，且均在1%水平上显著，成熟型企业的财务柔性水平 Score 及其平方项 $Score^2$ 的系数分别为1.929和-1.218，且均在1%水平上显著，衰退型企业的财务柔性水平 Score 及其平方项 $Score^2$ 的系数分别为1.917和-1.151，且均在1%水平上显著，成长型企业 Score 的系数大于成熟型企业，成熟型企业 Score 的系数大于衰退型企业。在模型（2）中，成长型企业、成熟型企业、衰退型企业的财务柔性水平 Score 的系数分别为0.875、0.642、0.614，且均在1%水平上显著，即成长型企业 Score 的系数大于成熟型企业，成熟型企业 Score 的系数大于衰退型企业。这说明成长型企业对财务柔性的敏感度比成熟型企业和衰退型企业要高，此结果与苏力和黎嫣（2017）的观点一致，并验证了假设3，即处于成长期的企业，企业储备的财务柔性对企业价值的正向促进作用更明显。

（3）不同的经营方式下财务柔性和公司价值的关系

为了验证公司多元化经营的程度对财务柔性水平影响公司价值的作用，本研究通过对全样本进行分组，即专业化经营公司（DYH = 0）与多元化经营公司（DYH = 1）。利用模型（1）和模型（2），分别对专业化经营的公司组与多元化经营的公司组进行多元回归分析，结果如表6-8所示。从回归结果可以看出，在三指标模型中，根据模型（1）的回归结果，专业化经营公司与多元化经营公司的财务柔性水平 Score 的系数分别为1.667和1.442，$Score^2$ 的系数分别为-1.002和-0.895，均通过了显著性检验，并且专业化经营公司 Score 的系数显著高于多元化经营公司。根据模型（2）的回归结果，专业化经营公司与多元化经营公司的财务柔性水平 Score 的系数分别为0.558和0.531，财务柔性水平与公司价值均呈现显著的正相关关系，并且专业化经营公司的系数显著高于多元化经营公司。这表明上市公司多元化经营程度越高，财务柔性对公司价值的影响程度越低，此结果与王福胜和宋海旭（2012）的观点一致，从而验证了假设4。

表 6 - 8　　　　　　　　　　　公司多元化分类回归结果

变量	Tobin's Q					
	DYH = 0（专业化）					
	三指标		四指标		六指标	
	模型（1）	模型（2）	模型（1）	模型（2）	模型（1）	模型（2）
Score	1.667***	0.558***	0.198*	0.168***	0.463***	0.452***
	(0.110)	(0.0570)	(0.103)	(0.0631)	(0.152)	(0.0968)
Score^2	-1.002***		-0.0132		-0.00502	
	(-0.0927)		(-0.0310)		(-0.0555)	
Assetsale	4.698***	4.807***				
	(1.622)	(1.630)				
Creditline	-0.167***	-0.187***	-0.196***	-0.196***		
	(-0.0611)	(-0.0608)	(-0.0606)	(-0.0606)		
Hedge	0.211*	0.206*	0.188	0.188		
	(0.123)	(0.125)	(0.125)	(0.125)		
CF	0.127	0.113	0.113	0.115	0.0750	0.0760
	(0.253)	(0.254)	(0.254)	(0.254)	(0.252)	(0.252)
NWC	-0.507***	-0.518***	-0.519***	-0.519***	-0.515***	-0.515***
	(-0.144)	(-0.144)	(-0.145)	(-0.145)	(-0.145)	(-0.145)
ROA	2.645***	2.697***	2.792***	2.783***	0.0275***	0.0275***
	(0.667)	(0.669)	(0.676)	(0.674)	(0.00669)	(0.00669)
Size	-1.288***	-1.266***	-1.261***	-1.261***	-1.251***	-1.252***
	(-0.0683)	(-0.0684)	(-0.0687)	(-0.0687)	(-0.0674)	(-0.0675)
CapEx	8.334***	8.391***	8.324***	8.324***	8.433***	8.432***
	(0.901)	(0.906)	(0.908)	(0.909)	(0.907)	(0.907)
Constant	29.70***	29.40***	29.50***	29.51***	29.14***	29.15***
	(1.497)	(1.501)	(1.514)	(1.513)	(1.482)	(1.483)
Observations	13,714	13,714	13,714	13,714	13,714	13,714
R-squared	0.290	0.282	0.276	0.276	0.277	0.277
Number of CODE	2,664	2,664	2,664	2,664	2,664	2,664

变量	Tobin's Q					
	DYH＝1（多元化）					
	三指标		四指标		六指标	
	模型（1）	模型（2）	模型（1）	模型（2）	模型（1）	模型（2）
Score	1.442 ***	0.531 ***	0.376 ***	0.118	0.360 **	0.328 **
	(0.137)	(0.0724)	(0.111)	(0.0801)	(0.148)	(0.133)
Score²	−0.895 ***		−0.104 **		−0.00949	
	(−0.118)		(−0.0512)		(−0.0653)	
Assetsale	0.0833	0.0674				
	(1.635)	(1.630)				
Creditline	−0.101	−0.120	−0.132 *	−0.134 *		
	(−0.0790)	(−0.0788)	(−0.0795)	(−0.0793)		
Hedge	0.174	0.164	0.165	0.168		
	(0.147)	(0.149)	(0.150)	(0.150)		
CF	0.594 **	0.557 *	0.548 *	0.528 *	0.507 *	0.509 *
	(0.284)	(0.284)	(0.285)	(0.287)	(0.286)	(0.285)
NWC	−0.188	−0.197	−0.193	−0.199	−0.200	−0.201
	(−0.129)	(−0.130)	(−0.130)	(−0.130)	(−0.130)	(−0.130)
ROA	2.196 **	2.161 **	2.219 **	2.183 **	0.0206 **	0.0206 **
	(0.892)	(0.886)	(0.892)	(0.887)	(0.00887)	(0.00887)
Size	−1.130 ***	−1.114 ***	−1.108 ***	−1.106 ***	−1.101 ***	−1.101 ***
	(−0.0707)	(−0.0705)	(−0.0705)	(−0.0709)	(−0.0697)	(−0.0697)
CapEx	10.78 ***	10.84 ***	10.77 ***	10.78 ***	10.87 ***	10.86 ***
	(1.010)	(1.014)	(1.015)	(1.017)	(1.019)	(1.019)
Constant	26.13 ***	25.92 ***	25.92 ***	25.95 ***	25.71 ***	25.73 ***
	(1.568)	(1.566)	(1.567)	(1.576)	(1.560)	(1.556)
Observations	7,872	7,872	7,872	7,872	7,872	7,872
R-squared	0.329	0.324	0.321	0.319	0.321	0.321
Number of CODE	1,658	1,658	1,658	1,658	1,658	1,658

注：稳健标准误 *** $p < 0.01$，** $p < 0.05$，* $p < 0.1$。

（4）不同融资约束程度下财务柔性和公司价值的关系

为了验证公司融资约束程度对财务柔性水平影响公司价值的作用，本研究通过使用公司规模和公司年龄两个随时间变化不大且具有很强外生性的变量构建了 AC 指数： $-0.737 \times Size + 0.043 \times Size2 - 0.04 \times Age$，对全样本进行分组，分为融资约束低（AC = 0）、中（AC = 1）、高（AC = 2）三类公司。利用模型（1）和模型（2），分别对低、中、高融资约束三类公司进行多元回归分析，结果如表 6 – 9 所示。从表 6 – 9 的回归结果可以看出，在三指标模型中，根据模型（1）的回归结果，低、中、高融资约束三类公司财务柔性水平 Score 的系数分别为 1.382、1.541 和 3.039，$Score^2$ 的系数也均为负数，均通过了显著性检验，并且融资约束程度越高，Score 的系数越大。根据模型（2）的回归结果，低、中、高融资约束三类公司财务柔性水平 Score 的系数分别为 0.409、0.555 和 0.892，财务柔性水平与公司价值均呈现显著的正相关关系，并且融资约束程度越高，Score 的系数越大，对公司价值的影响程度越大。这表明融资约束程度越高，融资压力越大的公司，财务柔性水平越高，对公司价值的影响程度越大，从而验证了假设 5。

表 6 – 9　　　　　　　　　　公司融资约束分类回归结果

变量	Tobin's Q					
	AC = 0（低）					
	三指标		四指标		六指标	
	模型（1）	模型（2）	模型（1）	模型（2）	模型（1）	模型（2）
Score	1.382 ***	0.409 ***	0.0993	0.188 **	0.291 ***	0.402 ***
	(0.118)	(0.0561)	(0.0745)	(0.0796)	(0.0966)	(0.0770)
$Score^2$	− 0.974 ***		− 0.039		0.0610	
	(− 0.116)		(− 0.0284)		(0.0505)	
Assetsale	1.591	1.784				
	(1.663)	(1.672)				
Creditline	− 0.0303	− 0.0480	− 0.0552	− 0.0548		
	(− 0.0621)	(− 0.0625)	(− 0.0623)	(− 0.0623)		
Hedge	0.350 ***	0.351 ***	0.343 ***	0.343 ***		
	(0.116)	(0.117)	(0.117)	(0.118)		
CF	1.622 ***	1.595 ***	1.577 ***	1.570 ***	1.531 ***	1.523 ***
	(0.269)	(0.271)	(0.272)	(0.272)	(0.271)	(0.270)

变量	Tobin's Q					
	AC = 0（低）					
	三指标		四指标		六指标	
	模型（1）	模型（2）	模型（1）	模型（2）	模型（1）	模型（2）
NWC	−0.679***	−0.693***	−0.692***	−0.691***	−0.693***	−0.692***
	(−0.169)	(−0.169)	(−0.169)	(−0.169)	(−0.170)	(−0.170)
ROA	0.665	0.526	0.557	0.570	0.00543	0.00543
	(0.725)	(0.728)	(0.723)	(0.723)	(0.00719)	(0.00719)
Size	−1.407***	−1.389***	−1.382***	−1.383***	−1.373***	−1.372***
	(−0.0756)	(−0.0758)	(−0.0760)	(−0.0760)	(−0.0750)	(−0.0750)
CapEx	14.27***	14.40***	14.39***	14.38***	14.47***	14.46***
	(0.890)	(0.894)	(0.896)	(0.896)	(0.899)	(0.899)
Constant	32.54***	32.30***	32.28***	32.26***	31.99***	31.94***
	(1.747)	(1.753)	(1.763)	(1.763)	(1.746)	(1.742)
Observations	9,097	9,097	9,097	9,097	9,097	9,097
R-squared	0.535	0.531	0.529	0.529	0.529	0.529
Number of CODE	1,347	1,347	1,347	1,347	1,347	1,347

变量	Tobin's Q					
	AC = 1（中）					
	三指标		四指标		六指标	
	模型（1）	模型（2）	模型（1）	模型（2）	模型（1）	模型（2）
Score	1.541***	0.555***	0.197	0.124*	0.530**	0.288**
	(0.120)	(0.0632)	(0.178)	(0.0672)	(0.235)	(0.122)
Score^2	−0.904***		−0.0381		−0.112	
	(−0.0919)		(−0.0673)		(−0.0857)	
Assetsale	−0.957	−0.909				
	(−1.182)	(−1.184)				
Creditline	−0.236***	−0.265***	−0.278***	−0.278***		
	(−0.0763)	(−0.0742)	(−0.0748)	(−0.0748)		
Hedge	−0.0127	−0.0271	−0.0292	−0.0283		
	(−0.120)	(−0.121)	(−0.122)	(−0.122)		
CF	0.131	0.0781	0.0683	0.0662	0.0656	−0.557*
	(0.267)	(0.267)	(0.267)	(0.267)	(0.267)	(−0.324)

续表

变量	Tobin's Q					
	AC = 1 （中）					
	三指标		四指标		六指标	
	模型（1）	模型（2）	模型（1）	模型（2）	模型（1）	模型（2）
NWC	-0.163*	-0.167*	-0.159	-0.159	-0.159	0.147
	(-0.0990)	(-0.0993)	(-0.100)	(-0.100)	(-0.100)	(0.187)
ROA	4.356***	4.389***	4.313***	4.286***	0.0421***	0.0190
	(0.779)	(0.779)	(0.774)	(0.773)	(0.00773)	(0.0149)
Size	-0.941***	-0.908***	-0.893***	-0.890***	-0.891***	-1.800***
	(-0.0590)	(-0.0584)	(-0.0583)	(-0.0580)	(-0.0576)	(-0.0931)
CapEx	7.211***	7.171***	7.105***	7.113***	7.185***	-3.401***
	(0.981)	(0.985)	(0.985)	(0.985)	(0.984)	(1.083)
Constant	21.79***	21.26***	21.12***	21.07***	20.92***	41.64***
	(1.273)	(1.263)	(1.261)	(1.257)	(1.254)	(1.973)
Observations	8,816	8,816	8,816	8,816	8,816	5,344
R-squared	0.230	0.220	0.212	0.212	0.214	0.245
Number of CODE	1,824	1,824	1,824	1,824	1,824	1,824

变量	Tobin's Q					
	AC = 2 （高）					
	三指标		四指标		六指标	
	模型（1）	模型（2）	模型（1）	模型（2）	模型（1）	模型（2）
Score	3.039***	0.892***	0.595***	0.280***	0.448*	0.288**
	(0.277)	(0.141)	(0.169)	(0.103)	(0.241)	(0.122)
Score^2	-1.771***		-0.0893**		-0.0289	
	(-0.217)		(-0.0448)		(-0.0246)	
Assetsale	1.732	1.733				
	(2.591)	(2.612)				
Creditline	-0.588**	-0.631**	-0.689***	-0.669**		
	(-0.283)	(-0.266)	(-0.259)	(-0.261)		
Hedge	0.354	0.282	0.272	0.264		
	(0.489)	(0.503)	(0.516)	(0.514)		
CF	-0.465	-0.532	-0.570*	-0.564*	-0.571*	-0.557*
	(-0.329)	(-0.326)	(-0.324)	(-0.326)	(-0.323)	(-0.324)

变量	Tobin's Q					
	AC = 2（高）					
	三指标		四指标		六指标	
	模型（1）	模型（2）	模型（1）	模型（2）	模型（1）	模型（2）
NWC	0.157	0.154	0.180	0.158	0.159	0.147
	(0.187)	(0.188)	(0.190)	(0.187)	(0.189)	(0.187)
ROA	1.755	1.843	1.864	1.913	0.0185	0.0190
	(1.510)	(1.490)	(1.490)	(1.487)	(0.0149)	(0.0149)
Size	−1.846***	−1.807***	−1.804***	−1.802***	−1.796***	−1.800***
	(−0.0944)	(−0.0942)	(−0.0942)	(−0.0941)	(−0.0932)	(−0.0931)
CapEx	−3.276***	−3.324***	−3.333***	−3.477***	−3.367***	−3.401***
	(−1.075)	(−1.073)	(−1.076)	(−1.089)	(−1.086)	(−1.083)
Constant	41.84***	41.48***	41.64***	41.72***	41.48***	41.64***
	(1.988)	(1.984)	(1.991)	(1.991)	(1.984)	(1.973)
Observations	5,344	5,344	5,344	5,344	5,344	5,344
R-squared	0.272	0.253	0.248	0.246	0.246	0.245
Number of CODE	1,844	1,844	1,844	1,844	1,844	1,844

注：稳健标准误 *** p < 0.01，** p < 0.05，* p < 0.1。

（5）不同的公司属性下财务柔性和公司价值的关系

为了验证公司产权性质对财务柔性水平影响公司价值的作用，本研究根据公司实际控制人的性质，将所有公司样本分为三类，第一类是非国有公司（GSSX = 0），第二类是地方国有公司（GSSX = 1），第三类为中央国有公司（GSSX = 2）。利用模型（1）和模型（2），分别对三组公司进行多元回归分析，结果如表 6 - 10 所示。从表 6 - 10 的回归结果可以看出，在三指标模型中，根据模型（1）的回归结果，三组公司的财务柔性水平 Score 的系数分别为 2.282、1.337 和 1.336，$Score^2$ 的系数均为负，均在 1% 水平上显著，并且国有化程度越高，Score 的系数越低。根据模型（2）的回归结果，非国有公司、地方国有公司与中央国有公司财务柔性水平 Score 的系数分别为 0.758、0.495 和 0.372，财务柔性水平与公司价值均呈现显著的正相关关系，并且国有化程度越高，政治关联程度越高，财务柔性水平越低，对公司价值的影响越小。这表明与国有上市公司相比，非国有上市公司储备的财务柔性对公司价值的提升作用更显著；国有上市公司中，地方国有上市公司储备的财务柔性水平比中央国有上市公司的财务柔性对公司价值的提升作用更明显，此结果与苏琳（2013）的观点一致，从而验证了假设6。

表 6 – 10　　　　　　　　　　　　公司属性分类回归结果

变量	Tobin's Q					
	GSSX = 0（非国有）					
	三指标		四指标		六指标	
	模型（1）	模型（2）	模型（1）	模型（2）	模型（1）	模型（2）
Score	2.282***	0.758***	0.314**	0.199***	0.624***	0.504***
	(0.127)	(0.0647)	(0.139)	(0.0696)	(0.130)	(0.0951)
Score^2	−1.365***		−0.0472		−0.0314	
	(−0.104)		(−0.0451)		(−0.0231)	
Assetsale	2.938*	3.036*				
	(1.611)	(1.629)				
Creditline	−0.262***	−0.300***	−0.320***	−0.322***		
	(−0.0741)	(−0.0742)	(−0.0745)	(−0.0743)		
Hedge	0.226*	0.200	0.187	0.188		
	(0.133)	(0.134)	(0.136)	(0.136)		
CF	−0.677***	−0.728***	−0.757***	−0.754***	−0.772***	−0.763***
	(−0.198)	(−0.199)	(−0.199)	(−0.199)	(−0.198)	(−0.198)
NWC	−0.147	−0.156	−0.152	−0.153	−0.157	−0.162
	(−0.109)	(−0.110)	(−0.110)	(−0.110)	(−0.110)	(−0.110)
ROA	5.049***	5.122***	5.203***	5.211***	0.0514***	0.0516***
	(0.851)	(0.850)	(0.860)	(0.858)	(0.00849)	(0.00849)
Size	−1.065***	−1.020***	−1.010***	−1.008***	−1.001***	−1.003***
	(−0.0466)	(−0.0463)	(−0.0466)	(−0.0465)	(−0.0459)	(−0.0459)
CapEx	8.277***	8.314***	8.168***	8.173***	8.307***	8.285***
	(0.831)	(0.837)	(0.839)	(0.840)	(0.840)	(0.840)
Constant	24.70***	24.00***	24.05***	24.04***	23.67***	23.74***
	(1.023)	(1.017)	(1.030)	(1.028)	(1.022)	(1.020)

续表

变量	Tobin's Q					
	GSSX = 0（非国有）					
	三指标		四指标		六指标	
	模型（1）	模型（2）	模型（1）	模型（2）	模型（1）	模型（2）
Observations	13,756	13,756	13,756	13,756	13,756	13,756
R-squared	0.247	0.234	0.225	0.225	0.228	0.228
Number of CODE	2,418	2,418	2,418	2,418	2,418	2,418

变量	Tobin's Q					
	GSSX = 1（地方国有）					
	三指标		四指标		六指标	
	模型（1）	模型（2）	模型（1）	模型（2）	模型（1）	模型（2）
Score	1.337***	0.495***	0.301**	0.0748	0.286*	0.256**
	(0.211)	(0.100)	(0.147)	(0.105)	(0.165)	(0.121)
Score^2	−0.821***		−0.131		−0.0163	
	(−0.178)		(−0.0824)		(−0.0769)	
Assetsale	0.00136	0.0218				
	(1.756)	(1.745)				
Creditline	−0.0637	−0.0810	−0.0800	−0.0798		
	(−0.109)	(−0.110)	(−0.110)	(−0.110)		
Hedge	0.0693	0.0681	0.0565	0.0571		
	(0.216)	(0.215)	(0.216)	(0.216)		
CF	0.662	0.659	0.632	0.652	0.628	0.632
	(0.445)	(0.450)	(0.451)	(0.452)	(0.451)	(0.451)
NWC	−0.604**	−0.605**	−0.605**	−0.606**	−0.602**	−0.601**
	(−0.277)	(−0.276)	(−0.278)	(−0.279)	(−0.280)	(−0.279)
ROA	1.320	1.258	1.396	1.265	0.0121	0.0120
	(0.969)	(0.956)	(0.956)	(0.947)	(0.00948)	(0.00947)
Size	−1.238***	−1.233***	−1.222***	−1.220***	−1.216***	−1.217***
	(−0.109)	(−0.109)	(−0.109)	(−0.109)	(−0.109)	(−0.109)
CapEx	15.49***	15.56***	15.56***	15.60***	15.65***	15.66***
	(1.645)	(1.648)	(1.652)	(1.655)	(1.650)	(1.651)
Constant	28.64***	28.64***	28.55***	28.54***	28.36***	28.38***
	(2.459)	(2.465)	(2.466)	(2.471)	(2.482)	(2.471)

续表

变量	Tobin's Q					
	GSSX = 1（地方国有）					
	三指标		四指标		六指标	
	模型（1）	模型（2）	模型（1）	模型（2）	模型（1）	模型（2）
Observations	3, 086	3, 086	3, 086	3, 086	3, 086	3, 086
R-squared	0.478	0.474	0.472	0.471	0.472	0.472
Number of CODE	386	386	386	386	386	386

变量	Tobin's Q					
	GSSX = 2（中央国有）					
	三指标		四指标		六指标	
	模型（1）	模型（2）	模型（1）	模型（2）	模型（1）	模型（2）
Score	1.336***	0.372***	0.104	0.0709	0.381***	0.208**
	(0.142)	(0.0697)	(0.102)	(0.0986)	(0.120)	(0.102)
$Score^2$	−0.949***		−0.0101		−0.0672*	
	(−0.140)		(−0.0281)		(−0.0399)	
Assetsale	−0.0429	−0.0624				
	(−1.839)	(−1.859)				
Creditline	−0.0217	−0.0415	−0.0448	−0.0447		
	(−0.0847)	(−0.0847)	(−0.0843)	(−0.0842)		
Hedge	0.326**	0.332**	0.339**	0.340**		
	(0.144)	(0.146)	(0.147)	(0.147)		
CF	1.657***	1.632***	1.624***	1.627***	1.584***	1.603***
	(0.294)	(0.296)	(0.294)	(0.294)	(0.291)	(0.291)
NWC	−0.273	−0.289	−0.286	−0.285	−0.288	−0.286
	(−0.178)	(−0.179)	(−0.179)	(−0.179)	(−0.180)	(−0.180)
ROA	0.281	0.194	0.170	0.162	0.00120	0.000748
	(1.146)	(1.147)	(1.130)	(1.130)	(0.0113)	(0.0113)
Size	−1.412***	−1.399***	−1.393***	−1.394***	−1.381***	−1.386***
	(−0.107)	(−0.108)	(−0.107)	(−0.107)	(−0.106)	(−0.106)
CapEx	9.735***	9.788***	9.798***	9.793***	9.875***	9.845***
	(1.196)	(1.204)	(1.209)	(1.208)	(1.209)	(1.208)
Constant	32.27***	32.15***	32.14***	32.16***	31.78***	31.95***
	(2.419)	(2.426)	(2.419)	(2.419)	(2.392)	(2.387)

变量	Tobin's Q					
	GSSX =2（中央国有）					
	三指标		四指标		六指标	
	模型（1）	模型（2）	模型（1）	模型（2）	模型（1）	模型（2）
Observations	6，415	6，415	6，415	6，415	6，415	6，415
R-squared	0.394	0.389	0.387	0.387	0.387	0.387
Number of CODE	769	769	769	769	769	769

注：稳健标准误 *** $p<0.01$，** $p<0.05$，* $p<0.1$。

6.5.4 稳健性检验

在全样本以及分组样本下，利用现金、负债、权益和资产出售四指标构建的财务柔性指标以及现金、负债、权益、资产出售、信用额度和套期保值六指标构建的财务柔性指标对公司价值做多元回归分析以进行稳健性检验，验证财务柔性对公司价值的影响。

1. 全样本稳健性检验

利用模型（1）和模型（2），对全样本分别在包含和不包含财务柔性综合得分平方项的情况下进行稳健性检验，回归结果如表6-4所示。

从表6-4的回归结果可以看出，在四指标模型中，根据模型（2）的回归结果，财务柔性水平 Score 的系数为0.157，财务柔性水平与公司价值呈现显著的正相关关系，这表明财务柔性水平高的公司，其公司价值也高，说明公司储备的财务柔性水平能使公司保持较大的发展潜力，有助于提升公司价值。根据模型（1）的回归结果，财务柔性水平 Score 及其平方项 $Score^2$ 的系数分别为0.267和 -0.0421，经过计算企业价值的最高点对应的综合得分为3.171，23215个样本落在3.171的左侧，即财务柔性水平高的公司，其公司价值也高，44个样本落在3.171的右侧，即财务柔性水平高的公司，其公司价值反而较低，这表明公司价值随着财务柔性水平的增加而呈现出先增高后降低的趋势，验证了假设1的观点，即财务柔性与公司价值之间呈倒"U"型关系。

2. 分组样本稳健性检验

（1）对赫芬达尔指数的公司分组进行稳健性检验，以验证财务柔性和公司价值的相关关系。

利用模型（1）和模型（2），分别对垄断型企业（HHI=0）与竞争型企业（HHI=1）进行稳健性检验，结果如表6-6所示。

从回归结果可以看出，在四指标模型中，由表6-6可知，垄断型企业（HHI=0）的财务柔性水平Score及其平方项Score^{2}的系数分别为0.262和-0.0329，且均在1%水平上显著，竞争型企业（HHI=1）的财务柔性水平Score及其平方项Score^{2}的系数分别为0.362和-0.0673，且均在1%水平上显著，因此竞争型企业Score的系数大于垄断型企业。这说明竞争型企业对财务柔性的敏感度比垄断型企业要高，验证了假设2，即行业竞争越激烈，企业储备的财务柔性对企业价值的正向促进作用越明显。

同样，从表6-6中的六指标模型的回归结果可以看出，垄断型企业（HHI=0）的财务柔性水平Score及其平方项Score^{2}的系数分别为0.486和-0.0275，且均在1%水平上显著，竞争型企业（HHI=1）的财务柔性水平Score及其平方项Score^{2}的系数分别为0.636和-0.0362，且均在1%水平上显著，因此竞争型企业Score的系数大于垄断型企业。这说明竞争型企业对财务柔性的敏感度比垄断型企业要高，验证了假设2，即行业竞争越激烈，企业储备的财务柔性对企业价值的正向促进作用越明显。

（2）对不同成长阶段下的公司分组情况进行稳健性检验，以验证财务柔性和公司价值的相关关系。

利用模型（1）和模型（2），分别对成长型企业（CZX=0）、成熟型企业（CZX=1）和衰退型企业（CZX=2）进行稳健性检验，结果如表6-7所示。

从回归结果可以看出，在四指标模型中，在模型（1）中，由表6-7可知，成长型企业的财务柔性水平Score及其平方项Score^{2}的系数分别为0.989和-0.333，且均在1%水平上显著，成熟型企业的财务柔性水平Score及其平方项Score^{2}的系数分别为0.295和-0.0445，且Score在5%水平上显著，衰退型企业的财务柔性水平Score及其平方项Score^{2}的系数分别为0.0564和0.00556，且均不显著。在模型（2）中，由表6-7可知，成长型企业的财务柔性水平Score的系数为0.453，且在1%水平上显著，成熟型企业的财务柔性水平Score的系数为0.164，且在10%水平上显著，衰退型企业的财务柔性水平Score的系数为0.0749，不显著，因此成长型企业Score的系数大于成熟型企业，成熟型企业 Score 的系数大于衰退型企业。这说明成长型企业对财务柔性的敏感度比成熟型企业和衰退型企业要高，验证了假设三，即处于成长期的企业，企业储备的财务柔性对企业价值的正向促进作用更明显。

同样，从表 6-7 中的六指标模型的回归结果可以看出，在模型（1）中，成长型企业的财务柔性水平 Score 及其平方项 $Score^2$ 的系数分别为 1.198 和 -0.245，且均在 1% 水平上显著，成熟型企业的财务柔性水平 Score 及其平方项 $Score^2$ 的系数分别为 0.690 和 0.00229，且 Score 在 1% 水平上显著，衰退型企业的财务柔性水平 Score 及其平方项 $Score^2$ 的系数分别为 0.207 和 -0.0269，且均不显著，因此成长型企业 Score 的系数大于成熟型企业，成熟型企业 Score 的系数大于衰退型企业。这说明成长型企业对财务柔性的敏感度比成熟型企业和衰退型企业要高，验证了假设 3，即处于成长期的企业，企业储备的财务柔性对企业价值的正向促进作用更明显。

（3）对不同经营方式下的公司分组情况进行稳健性检验，以验证财务柔性和公司价值的相关关系。

利用模型（1）和模型（2），分别对专业化经营的公司组（DYH = 0）与多元化经营的公司组（DYH = 1）进行稳健性检验，结果如表 6.8 所示。

从回归结果可以看出，从四指标模型的回归结果中可以看出，模型（2）中，专业化经营公司与多元化经营公司的财务柔性水平 Score 的系数分别为 0.168 和 0.118，财务柔性水平与公司价值均呈现显著的正相关关系，并且专业化经营公司系数显著且较大，而多元化经营公司系数不显著。

同样，在六指标模型中，在模型（2）中，专业化经营公司与多元化经营公司的财务柔性水平 Score 的系数分别为 0.452 和 0.328，均通过了显著性检验，财务柔性水平与公司价值均呈现显著的正相关关系，并且专业化经营公司的系数显著高于多元化经营公司。这表明上市公司多元化经营程度越高，财务柔性水平越低，对公司价值的影响程度越低。

（4）对不同融资约束下的公司分组情况进行稳健性检验，以验证财务柔性和公司价值的相关关系。

利用模型（1）和模型（2），分别对低、中、高融资约束的公司组进行稳健性检验，结果如表 6-9 所示。

从表 6-9 的回归结果可以看出，在四指标模型中，根据模型（1）的回归结果，低（AC＝0）、中（AC＝1）、高（AC＝2）融资约束三类公司财务柔性水平 Score 的系数分别为 0.0993、0.197 和 0.595，$Score^2$ 的系数也均为负数。根据模型（2）的回归结果，低、中、高融资约束三类公司财务柔性水平 Score 的系数分别为 0.188、0.124 和 0.280，财务柔性水平与公司价值均呈现显著的正相关关系，但回归结果显示低融资约束和中等融资约束公司组对公司价值影响的显著性比高融资约束公司组对公司价值影响是显著性低，且高融资约束组的系数最大，对公司价值的影响程度最大。这表明融资约束程度越高，融资压力越大的公司，财务柔性水平越高。

（5）对不同公司属性下的公司分组情况进行稳健性检验，以验证财务柔性和公司价值的相关关系。

利用模型（1）和模型（2），分别对其他公司、地方国有公司、中央国有公司三组公司进行稳健性检验，结果如表 6 – 10 所示。

从回归结果可以看出，在四指标模型中，根据模型（1）的回归结果，非国有公司（GSSX＝0）、地方国有公司（GSSX＝1）与中央国有公司（GSSX＝2）财务柔性水平 Score 的系数分别为 0.314、0.301 和 0.104，财务柔性水平 $Score^2$ 的系数均是负的。根据模型（2）的回归结果，非国有公司（GSSX＝0）、地方国有公司（GSSX＝1）与中央国有公司（GSSX＝2）财务柔性水平 Score 的系数分别为 0.199、0.0748 和 0.0709，财务柔性水平与公司价值均呈正相关关系，并且国有化程度越高，政治关联程度越高，财务柔性水平越低，对公司价值的影响越小。从回归结果可以显著表明，与国有上市公司相比，非国有上市公司储备的财务柔性对公司价值的提升作用更显著；国有上市公司中，地方国有上市公司储备的财务柔性水平比中央国有上市公司的财务柔性对公司价值的提升作用更明显，从而验证了假设 6。

6.6　研究结论

本研究以我国 2007 ~ 2017 年沪深 A 股上市公司的共 23 259 个财务数据为研究样本，实证检验了财务柔性与公司价值之间的相关关系并得出以下结论：财务柔性与公司价值之间呈倒 "U" 型关系，财务柔性并非越高越好，适度的财务柔性能起到积极的缓冲效应，过度的财务柔性则会带来消极的代理效应，财务柔性只有保持在均衡点以下才能提高公司绩效。在此基础上进一步对六个不同分组情况下财务柔性与公司价值之间的相关关系进行实证检验，得出以下结论：行业竞争越激烈，企业储备的财务柔性对企业价值的正向促进作用越明显；处于成长期的企业，企业储备的财务柔性对企业价值的正向促进作用越明显；上市公司多元化经营程度越高，财务柔性水平越低，企业储备的财务柔性对公司价值的促进作用越不明显；公司的财务柔性水平受融资约束的影响，与融资约束程度正相关，融资约束程度越高，企业储备的财务柔性水平对公司价值的影响越大；与国有上市公司相比，非国有上市公司储备的财务柔性对公司价值的提升作用更显著，国有上市公司中，地方国有上市公司储备的财务柔性水平比中央国有上市公司的财务柔性对公司价值的提升作用更明显。

第7章　结论及政策建议

7.1　主要研究结论

（1）提出财务柔性是企业储备的应对未来变化的财务资源。未来不确定性、信息不对称和交易成本是财务柔性产生的根本前提。企业可以通过内部渠道（超额现金、信用额度、剩余举债能力、较低的股利支付、资产出售、套期保值等）和外部渠道（组织结构选择、供应商关系等）来储备财务柔性，各种财务柔性储备之间具有替代或互补关系。财务柔性具有价值增进和价值毁损双重效应。在价值增进方面，财务柔性一方面可以使企业抓住未来有利的不确定性带来的投资机会，另一方面可以使企业避免未来不利的不确定性导致的财务危机风险。在价值毁损方面，企业储备财务柔性需要产生机会成本、代理成本、交易成本等。理论上，财务柔性适度性是与公司价值最大化相匹配的财务柔性储备水平，即当财务柔性的边际收益等于边际成本时，财务柔性达到最优。但由于财务柔性的多维性特征，实践中企业财务柔性储备需要在考虑各种财务柔性获取方式之间差异性特征和财务柔性动态性特征基础上，根据管理层特质和企业财务柔性储备能力灵活确定。

（2）理论研究表明现金持有是企业最具流动性资产，是企业财务柔性储备最基本的工具，其他财务柔性储备方式都通过与现金储备之间的变换来作用于企业投资和公司价值等。当企业现金不足时，企业可以通过再融资或资产出售来获得现金，当企业现金过度时，企业将通过股利支付来回报投资者。套期保值和信贷额度会改变企业清算和再融资的边界。模糊性将会改变企业持有现金的边际价值，从而使得企业的现金储备水平等显著发生变化。在清算情形中，Choquet-Brownian 模糊性可以显著降低现金支付边界和现金边际价值。在融资情形中，Choquet-Brownian 模糊性也显著降低了现金支付边界和再融资比率，但对现金边际价值产生了不确定性影响。套期保值情形和信贷额度情形下 Choquet-Brownian 模糊性对公司现金支付边界和再融资比率的影响与再融资情形相同。同时，Choquet-Brownian 模糊性也显著降低了公司的价值。

（3）实证结果显示，中国上市公司通过利用现金持有、负债水平和股利支付来储备财务柔性方面存在着两两之间的替代关系。具体地，企业现金持有与公司负债和股利支付正相关，表明当公司财务持有较多的现金时（较高的现金柔性），其更可能维持较高的负债（较低的负债柔性）和支付较多的现金股利（较低的权益柔性）；公司负债和公司股利支付负相关，表明公司负债较高时（较低的负债柔性），其更少支付现金股利（较高的权益柔性）。个体模糊性与公司现金持有正相关，与公司负债和现金股利负相关，表明个体模糊性的增加将会增加企业的现金柔性、负债柔性和权益柔性。融资约束越强，公司财务柔性越大，当融资约束增强时，公司的现金持有量会增加，负债和股利支付率会减少。行业集中度越高，公司的财务柔性越小，当行业集中度提高时，公司的现金持有量会减少，负债和股利支付率会增加。

（4）从残差信息的视角，企业财务柔性与公司价值呈现负相关关系，企业偏离理论预期值的情况下，剩余的现金柔性、负债柔性和权益柔性都将毁损企业价值。进一步地，行业竞争越激烈，企业持有偏离理论预期水平的更多财务柔性，越易损害公司价值；处于成熟期的企业，持有偏离理论预期水平的更多财务柔性，越易损害公司价值；上市公司多元化经营程度越高的企业，持有偏离理论预期水平的更多财务柔性，越易损害公司价值；具有较低融资约束的企业，持有偏离理论预期水平更多的财务柔性，越易损害公司价值；中央国有企业，持有偏离理论预期水平更多的财务柔性，越易损害公司价值。

（5）从行业信息的视角，财务柔性与公司价值之间呈倒"U"型关系，财务柔性并非越高越好，适度的财务柔性能起到积极的缓冲效应，过度的财务柔性则会带来消极的代理效应，财务柔性只有保持在均衡点以下才能提高公司绩效。进一步地，行业竞争越激烈，企业储备的财务柔性对企业价值的正向促进作用越明显；处于成长期的企业，企业储备的财务柔性对企业价值的正向促进作用越明显；上市公司多元化经营程度越高，财务柔性水平越低；公司的财务柔性水平受融资约束的影响，与融资约束程度正相关；与国有上市公司相比，非国有上市公司储备的财务柔性对公司价值的提升作用更显著；国有上市公司中，地方国有上市公司储备的财务柔性水平比中央国有上市公司的财务柔性对公司价值的提升作用更明显。

7.2　相关政策建议

（1）理论上财务柔性具有最适水平，实际中企业应该根据所处环境和自身特质来进行财务柔性储备。财务柔性适度性是财务柔性收益与财务柔性成本权衡的结果，在考虑财务柔性内生决定基础上，过度的储备财务柔性将毁损公司的价值。

（2）环境不确定性和模糊厌恶都会影响公司财务柔性储备。当企业自身面临的环境不确定性越大时，其越应该通过储备持有较多的现金、举借较少的债务和支付较少的股利等方式来进行储备财务柔性。当企业管理层对模糊厌恶时，现金的边际价值将变低，其将储备较少的现金，需要时将通过较频繁的再融资和资产出售来获得现金。

（3）不同市场结构的企业应该储备不同的财务柔性。在完全竞争市场环境下企业应该储备较高的财务柔性来应对激烈的市场竞争；而在垄断或寡头的市场结构下，企业应该储备较低的财务柔性来节约财务柔性成本。

（4）不同成长阶段的企业应该储备不同的财务柔性。处于成长期的企业，储备较多的财务柔性更可能利用未来有利的投资机会，从而更可能增加企业价值，因此成长期的企业应该储备较多的财务柔性；而处于成熟期的企业，储备较多的财务柔性更可能被企业管理层作为堑壕的手段，从而更可能降低公司价值，因此成熟期的企业应该储备较少的财务柔性。

（5）经营柔性和财务柔性可以相互替代。当公司进行多元化经营时，其面临的未来现金流不确定性较小，其应该保持较低的财务柔性；当公司进行专业化经营时，其面临的未来现金流不确定性较大，其应该保持较高的财务柔性。

（6）不同融资约束的公司应该储备不同的财务柔性。对于融资约束程度较高的企业，其抓住未来有利投资机会和应对未来不利冲击的能力较弱，因此应该保持较多的财务柔性；而对于融资约束成本较低的企业，其应对未来不确定性的能力相对较强，如果其保持较多的财务柔性更可能产生管理层的代理成本，其应该保持较低的财务柔性。

（7）不同产权性质的公司应该储备不同的财务柔性。在我国的制度背景下，民营控股企业相对于国有控股企业而言应对未来不确定的能力相对较弱，因此民营企业应该储备较多的财务柔性；而国有控股企业应对未来不确定的能力相对较强，而且国有企业存在着更长的代理链条和潜在更高的代理成本，因此国有控股企业应该储备较低的财务柔性。

参考文献

[1] 陈德萍, 曾智海. 资本结构与企业绩效的互动关系研究——基于创业板上市公司的实证检验 [J]. 会计研究, 2012 (8): 66 - 71 + 97.

[2] 陈筱彦, 邹夏莹, 吕心怡, 杜雨. 后金融危机时代企业现金持有价值分析 [J]. 现代商贸工业, 2015, 36 (12): 107 - 111.

[3] 陈艳, 梁烁, 于洪鉴. 会计信息质量、分析师预测与IPO股价信息含量 [J]. 宏观经济研究, 2015 (11): 131 - 141.

[4] 邓康林, 刘名旭. 环境不确定性、财务柔性与上市公司现金股利 [J]. 财经科学, 2013 (2): 46 - 55.

[5] 邓曦东, 陈俊飞. 宏观经济不确定性、信息不对称与现金持有 [J]. 财会通讯, 2015 (6): 86 - 89.

[6] 董理, 茅宁. 公司成熟度、剩余负债能力与现金股利政策——基于财务柔性视角的实证研究 [J]. 财经研究, 2013, 39 (11): 59 - 68.

[7] 高平. 金融危机冲击、国有产权背景与公司行为策略 [D]. 西南财经大学, 2011.

[8] 葛家澍, 占美松. 企业财务报告分析必须着重关注的几个财务信息——流动性、财务适应性、预期现金净流入、盈利能力和市场风险 [J]. 会计研究, 2008 (5): 3 - 9 + 95.

[9] 顾乃康, 万小勇, 陈辉. 财务弹性与企业投资的关系研究 [J]. 管理评论, 2011, 23 (6): 115 - 121.

[10] 韩忠雪, 尚娟, 程蕾. 公司持有现金和负债是相互替代的吗? [J]. 管理评论, 2012, 24 (4): 150 - 160.

[11] 洪剑峭, 张晓斐, 苏超. 上市公司业绩变动与分析师预测行为 [J]. 投资研究, 2013, 32 (8): 113 - 128.

[12] 胡挺，余馥佳. 多元化经营、财务弹性与企业价值——以粤泰集团为例 [J]. 中国房地产，2014 (2)：34 – 44.

[13] 黄世忠. OPM 战略对财务弹性和现金流量的影响——基于戴尔、沃尔玛、国美和苏宁的案例分析 [J]. 财务与会计，2006 (23)：15 – 18.

[14] 江少波. 不确定性、主动负债及投资效率 [J]. 商业会计，2017 (7)：15 – 19.

[15] 姜付秀，黄继承. 市场化进程与资本结构动态调整 [J]. 管理世界，2011 (3)：124 – 134 + 167.

[16] 姜国华，岳衡. 大股东占用上市公司资金与上市公司股票回报率关系的研究 [J]. 管理世界，2005 (9)：119 – 126 + 157 + 171 – 172.

[17] 雷光勇，王文忠，刘茉. 政治不确定性、股利政策调整与市场效应 [J]. 会计研究，2015 (4)：33 – 39 + 95.

[18] 李斌，江伟. 金融发展、融资约束与企业成长 [J]. 南开经济研究，2006 (3)：68 – 78.

[19] 李寿喜. 产权、代理成本和代理效率 [J]. 经济研究，2007 (1)：102 – 113.

[20] 李雪，于晓红. 基于上市公司财务状况的价值评估 [J]. 财会研究，2008 (19)：52 – 54.

[21] 连玉君，彭方平，苏治. 融资约束与流动性管理行为 [J]. 金融研究，2010 (10)：158 – 171.

[22] 刘名旭，向显湖. 不确定环境下的财务柔性理论及其本质 [J]. 改革与战略，2014，30 (4)：63 – 67 + 71.

[23] 刘名旭，向显湖. 环境不确定性、企业特征与财务柔性 [J]. 宏观经济研究，2014 (4)：127 – 134.

[24] 刘卿龙. 区域金融发展、多元化经营与现金股利政策 [J]. 金融发展研究，2018 (5)：70 – 78.

[25] 刘志强，余明桂. 产品市场竞争与公司现金持有价值研究 [J]. 经济问题探索，2009 (2)：140 – 145.

[26] 卢兴杰，舒丽莎，向文彬. 股权融资与债务融资替代效应与互补效应研究 [J]. 财会通讯，2010 (26)：27 – 28.

［27］罗进辉. 媒体报道的公司治理作用——双重代理成本视角［J］. 金融研究, 2012 (10): 153-166.

［28］马春爱, 张亚芳. 财务弹性与公司价值的关系［J］. 系统工程, 2013, 31 (11): 35-39.

［29］马春爱. 企业财务弹性指数的构建及实证分析［J］. 系统工程, 2010, 28 (10): 61-66.

［30］马春爱. 中国上市公司资本结构调整行为研究: 一个财务弹性的视角［J］. 财经论丛, 2009 (6): 80-85.

［31］孟鹏. 超额现金持有在产品市场上的战略效应［D］. 东北财经大学, 2013.

［32］蒲文燕, 张洪辉, 肖浩. 债务保守、投资机会与中国上市公司资本投资［J］. 管理评论, 2012, 24 (4): 36-44.

［33］施源. 财务柔性与企业价值关系研究［J］. 呼伦贝尔学院学报, 2015, 23 (4): 70-74.

［34］时龙龙. 融资约束、财务柔性与公司绩效［D］. 东北财经大学, 2013.

［35］苏力, 黎嫣. 不同成长阶段下财务柔性对公司绩效的影响——基于制造业上市公司的实证研究［J］. 现代商业, 2017 (4): 152-153.

［36］苏琳. 财务柔性与公司价值［D］. 东北财经大学, 2013.

［37］孙进军, 顾乃康, 刘白兰. 产品市场竞争与现金价值: 掠夺理论还是代理理论［J］. 经济与管理研究, 2012 (2): 49-57.

［38］孙进军, 顾乃康. 现金持有量决策具有战略效应吗? ——基于现金持有量的平均效应与区间效应的研究［J］. 商业经济与管理, 2012, 1 (3): 85-96.

［39］谭庆美, 刘亚光, 马铭泽. 管理层持股、产品市场竞争与企业价值——基于中国 A 股上市企业面板数据的实证分析［J］. 天津大学学报 (社会科学版), 2013, 15 (2): 97-103.

［40］谭艳艳, 刘金伟, 杨汉明. 融资约束、超额现金持有与企业价值［J］. 山西财经大学学报, 2013, 35 (1): 95-105.

［41］万小勇, 顾乃康. 现金持有、融资约束与企业价值——基于门槛回

归模型的实证检验 [J]. 商业经济与管理, 2011 (2): 71 – 77 + 97.

[42] 王棣华. 企业柔性财务管理能力及其功效 [N]. 财会信报, 2013 – 06 – 17 (C05).

[43] 王福胜, 宋海旭. 终极控制人、多元化战略与现金持有水平 [J]. 管理世界, 2012 (7): 124 – 136 + 169.

[44] 王利刚. 中国上市公司现金持有的影响因素与价值效应研究 [D]. 浙江大学, 2007.

[45] 王满, 沙秀娟, 田旻昊. 财务柔性、公司治理水平与过度投资 [J]. 经济经纬, 2016, 33 (6): 102 – 106.

[46] 王强, 郝丽萍, 王平. 企业柔性评价基本要素分析 [J]. 科技管理研究, 2002 (3): 15 – 16 + 12.

[47] 王亭亭. 产品市场竞争、财务柔性与公司绩效 [D]. 东北财经大学, 2016.

[48] 王文斌. 企业财务外包风险问题探析 [J]. 财会通讯, 2016 (5): 98 – 100.

[49] 王先柱, 金叶龙. 货币政策能有效调控房地产企业"银根"吗? ——基于财务柔性的视角 [J]. 财经研究, 2013, 39 (11): 69 – 79.

[50] 肖利平, 谢丹阳. 国外技术引进与本土创新增长: 互补还是替代——基于异质吸收能力的视角 [J]. 中国工业经济, 2016 (9): 75 – 92.

[51] 肖作平. 上市公司资本结构与公司绩效互动关系实证研究 [J]. 管理科学, 2005 (3): 16 – 22.

[52] 徐寿福, 邓鸣茂, 陈晶萍. 融资约束、现金股利与投资——现金流敏感性 [J]. 山西财经大学学报, 2016, 38 (2): 112 – 124.

[53] 严复海, 王曦. 创业板上市公司成长性与价值创造实证研究 [J]. 财会通讯, 2012 (5): 34 – 35.

[54] 杨兴全, 孙杰. 公司治理机制对公司现金持有量的影响——来自我国上市公司的经验证据 [J]. 商业经济与管理, 2006 (10): 75 – 80.

[55] 杨兴全, 孙杰. 行业特征、产品市场竞争程度与上市公司现金持有量关系研究 [J]. 审计与经济研究, 2007 (6): 99 – 103.

[56] 杨兴全, 吴昊旻. 成长性、代理冲突与公司财务政策 [J]. 会计研

究，2011（8）：40－45.

［57］杨兴全，曾义. 现金持有能够平滑企业的研发投入吗？——基于融资约束与金融发展视角的实证研究［J］. 科研管理，2014，35（7）：107－115.

［58］杨兴全，张照南. 制度背景、股权性质与公司持有现金价值［J］. 经济研究，2008，43（12）：111－123.

［59］曾爱民，傅元略，魏志华. 金融危机冲击、财务柔性储备和企业融资行为——来自中国上市公司的经验证据［J］. 金融研究，2011（10）：155－169.

［60］曾爱民，张纯，魏志华. 金融危机冲击、财务柔性储备与企业投资行为——来自中国上市公司的经验证据［J］. 管理世界，2013（4）：107－120.

［61］曾义. 我国上市公司现金持有竞争效应研究［D］. 石河子大学，2014.

［62］曾志坚，周星. 超额现金持有水平对企业价值的影响——基于企业生命周期视角的实证研究［J］. 中央财经大学学报，2015（4）：107.

［63］张俊瑞，李彬. 企业生命周期与盈余管理关系研究——来自中国制造业上市公司的经验证据［J］. 预测，2009，28（2）：16－20＋32.

［64］张巍巍. 融资约束、财务柔性与公司绩效［J］. 财经问题研究，2016（6）：102－109

［65］张宇驰，郝洪. 财务灵活性视角下公司治理与现金持有量关系［J］. 会计之友，2014（5）：44－47.

［66］赵华，张鼎祖. 企业财务柔性的本原属性研究［J］. 会计研究，2010（6）：62－69＋96.

［67］钟永红，陈璐. 企业属性与行业集中度对上市公司负债率的影响——基于对2009～2013年中国上市公司的分析［J］. 南方金融，2014（12）：79－82＋66.

［68］Aaker D A, Mascarenhas B. The need for strategic flexibility［J］. Journal of business strategy, 1984, 5（2）：74－82.

［69］Acharya V V, Almeida H, Campello M. Is cash negative debt? A hedging perspective on corporate financial policies［J］. Journal of Financial Intermediation, 2007, 16（4）：515－554.

［70］Acharya V V, Gujral I, Kulkarni N. et al. Dividends and bank capital in the financial crisis of 2007 – 2009 [R]. National Bureau of Economic Research, 2011.

[71] Adam T. Capital expenditures, financial constraints, and the use of options [J]. Journal of Financial Economics, 2009, 92 (2): 238 – 251.

[72] Agliardi E, Agliardi R, Spanjers W. Convertible debt: Financing decisions and voluntary conversion under ambiguity [J]. International Review of Finance, 2015, 15 (4): 599 – 611.

[73] Agliardi E, Agliardi R, Spanjers W. Corporate financing decisions under ambiguity: Pecking order and liquidity policy implications [J]. Journal of Business Research, 2016, 69 (12): 6012 – 6020.

[74] Ahmed P K, Hardaker G, Carpenter M. Integrated flexibility—key to competition in a turbulent environment [J]. Long range planning, 1996, 29 (4): 562 – 571.

[75] Alchian A A. Uncertainty, evolution, and economic theory [J]. Journal of political economy, 1950, 58 (3): 211 – 221.

[76] Almeida H V, Wolfenzon D. A theory of pyramidal ownership and family business groups [J]. The Journal of Finance, 2006, 61 (6): 2637 – 2680.

[77] Almeida H, Campello M, Weisbach M S. Corporate financial and investment policies when future financing is not frictionless [J]. Journal of Corporate Finance, 2011, 17 (3): 675 – 693.

[78] Almeida H, Hankins K W, Williams R. Risk management with supply contracts [J]. The Review of Financial Studies, 2017, 30 (12): 4179 – 4215.

[79] Anderson E W, Ghysels E, Juergens J L. The impact of risk and uncertainty on expected returns [J]. Journal of Financial Economics, 2009, 94 (2): 233 – 263.

[80] Anderson E W, Hansen L P, Sargent T J. A quartet ofsemigroups for model specification, robustness, prices of risk, and model detection [J]. Journal of the European Economic Association, 2003, 1 (1): 68 – 123.

[81] Ang J S, Cole R A, Lin J W. Agency costs and ownership structure [J]. the Journal of Finance, 2000, 55 (1): 81 – 106.

[82] Aretz K, Bartram S M. Corporate hedging and shareholder value [J]. Journal of Financial Research, 2010, 33 (4): 317 –371.

[83] Arslan O, Florackis C, Ozkan A. How and why do firms establish financial flexibility [J]. Hacettepe University, Turkey. , University of Liverpool, UK. , and University of Hull, UK, Working Ppaper, 2008.

[84] Arslan – Ayaydin Ö, Florackis C, Ozkan A. Financial flexibility, corporate investment and performance: evidence from financial crises [J]. Review of Quantitative Finance and Accounting, 2014, 42 (2): 211 –250.

[85] Bancel F, Mittoo U R. Financial flexibility and the impact of the global financial crisis: Evidence from France [J]. International Journal of Managerial Finance, 2011, 7 (2): 179 –216.

[86] Beiner S, Schmid M M, Wanzenried G. Product market competition, managerial incentives and firm valuation [J]. European Financial Management, 2011, 17 (2): 331 –366.

[87] Bester H, Hellwig M. Moral hazard and equilibrium credit rationing: An overview of the issues [M]. //Agency theory, information, and incentives. Springer, Berlin, Heidelberg, 1987: 135 – 166.

[88] Bhattacharya S. Imperfect information, dividend policy, and "the bird in the hand" fallacy [J]. Bell journal of economics, 1979, 10 (1): 259 –270.

[89] Billett M T, Garfinkel J A. Financial flexibility and the cost of external finance for US bank holding companies [J]. Journal of Money, Credit and Banking, 2004: 827 –852.

[90] Bohl M T, Pal R. Discount or Premium? New Evidence on Corporate diversification of UK firms [J]. 2006.

[91] Bolton P, Chen H, Wang N. A unified theory of Tobin's q, corporate investment, financing, and risk management [J]. The journal of Finance, 2011, 66 (5): 1545 – 1578.

[92] Bonaimé A A, Hankins K W, Harford J. Financial flexibility, risk management, and payout choice [J]. The Review of Financial Studies, 2013, 27 (4): 1074 – 1101.

［93］ Brav A, Graham J R, Harvey C R, et al. Payout policy in the 21st century ［J］. Journal of financial economics, 2005, 77 （3）: 483 – 527.

［94］ Brennan M J, Thakor A V. Shareholder preferences and dividend policy ［J］. The Journal of Finance, 1990, 45 （4）: 993 – 1018.

［95］ Breuer W, Rieger M O, Soypak K C. Corporate cash holdings and ambiguity aversion ［J］. Review of Finance, 2016, 21 （5）: 1933 – 1974.

［96］ Bulan L T, Subramanian N. A closer look at dividend omissions: payout policy, investment and financial flexibility ［J］. SSRN Electronic Journal, 2008.

［97］ Byoun S, Xu Z. Capital allocation and product market competition during a financial crisis ［J］. NYU Poly Research Paper, 2011.

［98］ Byoun S. Financial flexibility and capital structure decision ［J］. Available at SSRN 1108850, 2011.

［99］ Byoun S. How and when do firms adjust their capital structures toward targets? ［J］. The Journal of Finance, 2008, 63 （6）: 3069 – 3096.

［100］ Campello M, Graham J R, Harvey C R. The real effects of financial constraints: Evidence from a financial crisis ［J］. Journal of financial Economics, 2010, 97 （3）: 470 – 487.

［101］ Charumilind C, Kali R, Wiwattanakantang Y. Connected lending: Thailand before the financial crisis ［J］. The Journal of Business, 2006, 79 （1）: 181 – 218.

［102］ Chay J B, Suh J. Payout policy and cash – flow uncertainty ［J］. Journal of Financial Economics, 2009, 93 （1）: 88 – 107.

［103］ Chen Z, Epstein L. Ambiguity, risk, and asset returns in continuous time ［J］. Econometrica, 2002, 70 （4）: 1403 – 1443.

［104］ Chowdhry B, Howe J T B. Corporate risk management for multinational corporations: Financial and operational hedgingpolicies ［J］. Review of Finance, 1999, 2 （2）: 229 – 246.

［105］ Coase R H. The nature of the firm ［J］. economica, 1937, 4 （16）: 386 – 405.

［106］ Cummins J G, Nyman I. Optimal investment with fixed financing costs

[J]. Finance Research Letters, 2004, 1 (4): 226 –235.

[107] Cunat V. Trade credit: suppliers as debt collectors and insurance providers [J]. The Review of Financial Studies, 2006, 20 (2): 491 –527.

[108] Daniel N D, Denis D J, Naveen L. Sources of financial flexibility: Evidence from cash flow shortfalls [J]. Unpublished Working Paper, Drexel University, Purdue University and Temple University, 2008.

[109] de Leeuw A C J, Volberda H. On the concept of flexibility: a dual control perspective [J]. Omega, 1996, 24 (2): 121 –139.

[110] DeAngelo H, DeAngelo L, Skinner D J. Capital structure, payout policy and financial flexibility [R]. Working Paper, 2007.

[111] DeAngelo H, DeAngelo L. Dividend policy and financial distress: An empirical investigation of troubled NYSE firms [J]. The Journal of Finance, 1990, 45 (5): 1415 –1431.

[112] Demiroglu C, James C. The use of bank lines of credit in corporate liquidity management: A review of empirical evidence [J]. Journal of Banking & Finance, 2011, 35 (4): 775 –782.

[113] Denis D J, Sibilkov V. Financial constraints, investment, and the value of cash holdings [J]. The Review of Financial Studies, 2009, 23 (1): 247 –269.

[114] Denis D J. Financial flexibility and corporate liquidity [J]. Journal of corporate finance, 2011, 17 (3): 667 –674.

[115] Desai C A, Gupta M. Size of Financing Need and the Choice between Asset Sales and Security Issuances [J]. Financial Management, 2018.

[116] Dittmar A, Mahrt – Smith J. Corporate governance and the value of cash holdings [J]. Journal of financial economics, 2007, 83 (3): 599 –634.

[117] Dittmar A, Mahrt – Smith J, Servaes H. International corporate governance and corporate cash holdings [J]. Journal of Financial and Quantitative analysis, 2003, 38 (1): 111 –133.

[118] Driouchi T, Trigeorgis L, Gao Y. Choquet – based European option pricing with stohasti (and fixed) strikes [J]. OR spectrum, 2015, 37 (3): 787 –802.

[119] Driouchi T, Trigeorgis L, So R H Y. Option implied ambiguity and its

information content: Evidence from the subprime crisis [J]. Annals of Operations Research, 2018, 262 (2): 463 – 491.

[120] Duchin R. Cash holdings and corporate diversification [J]. The Journal of Finance, 2010, 65 (3): 955 – 992.

[121] Dumas B. Super contact and related optimality conditions [J]. Journal of Economic Dynamics and Control, 1991, 15 (4): 675 – 685.

[122] Easterwood J, Paye B, Xie Y. Upside and Downside Components of Cash Flow Volatility: Implications for Corporate Policies [J]. 2017.

[123] Einhorn H J, Hogarth R M. Ambiguity and uncertainty in probabilistic inference [J]. Psychological review, 1985, 92 (4): 433.

[124] Ellsberg D. Risk, ambiguity, and the Savage axioms [J]. The quarterly journal of economics, 1961: 643 – 669.

[125] Elston J A. Dividend policy and investment: Theory and evidence from us panel data [J]. Managerial and Decision Economics, 1996, 17 (3): 267 – 275.

[126] Evans J S. Strategic flexibility for high technology manoeuvres: a conceptual framework [J]. Journal of management studies, 1991, 28 (1): 69 – 89.

[127] Fama E F, French K R. Taxes, financing decisions, and firm value [J]. The Journal of Finance, 1998, 53 (3): 819 – 843.

[128] Fama E F, French K R. The corporate cost of capital and the return on corporate investment [J]. The Journal of Finance, 1999, 54 (6): 1939 – 1967.

[129] Fama E F, Jensen M C. Agency problems and residual claims [J]. The Journal of Law and Economics, 1983, 26 (2): 327 – 349.

[130] Faulkender M, Wang R. Corporate financial policy and the value of cash [J]. The Journal of Finance, 2006, 61 (4): 1957 – 1990.

[131] Fazzari S, Hubbard RG, Petersen B C. Financing constraints and corporate investment [J]. 1987.

[132] Ferrando A, Marchica M T, Mura R. Financial flexibility across the euro area and the UK [J]. 2014.

[133] Fliers P. Dividend smoothing, financial flexibility and capital structure [J]. 2017.

［134］ Frank M Z, Goyal V K. Testing the pecking order theory of capital structure ［J］. Journal of financial economics, 2003, 67 （2）: 217 – 248.

［135］ Frank M Z, Goyal V K. The effect of market conditions on capital structure adjustment ［J］. Finance Research Letters, 2004, 1 （1）: 47 – 55.

［136］ Friberg R, Seiler T. Risk and ambiguity in 10 – Ks: An examination of cash holding and derivatives use ［J］. Journal of Corporate Finance, 2017, 45: 608 – 631.

［137］ Friedman E, Johnson S, Mitton T. Propping and tunneling ［J］. Journal of Comparative Economics, 2003, 31 （4）: 732 – 750.

［138］ Frisch D, Baron J. Ambiguity and rationality ［J］. Journal of Behavioral Decision Making, 1988, 1 （3）: 149 – 157.

［139］ Froot K A, Scharfstein D S, Stein J C. Risk management: Coordinating corporate investment and financing policies ［J］. the Journal of Finance, 1993, 48 （5）: 1629 – 1658.

［140］ Gamba A, Triantis A. The value of financial flexibility ［J］. The Journal of Finance, 2008, 63 （5）: 2263 – 2296.

［141］ Gao J. Business networks, firm connectivity, and firm policies ［J］. Firm Connectivity, and Firm Policies. October 13, 2014.

［142］ Garcia – Appendini E, Montoriol – Garriga J. Firms as liquidity providers: Evidence from the 2007 – 2008 financial crisis ［J］. Journal of financial economics, 2013, 109 （1）: 272 – 291.

［143］ Gilboa I, Postlewaite A W, Schmeidler D. Probability and uncertainty in economic modeling ［J］. Journal of Economic Perspectives, 2008, 22 （3）: 173 – 88.

［144］ Golden W, Powell P. Towards a definition of flexibility: in search of the Holy Grail? ［J］. Omega, 2000, 28 （4）: 373 – 384.

［145］ Graham J R, Harvey C R. The theory and practice of corporate finance: Evidence from the field ［J］. Journal of financial economics, 2001, 60 （2 – 3）: 187 – 243.

［146］ Graham J R. How big are the tax benefits of debt? ［J］. The Journal of Finance, 2000, 55 （5）: 1901 – 1941.

［147］ Gryko J. Managing of Financial Flexibility ［M］. //Contemporary Trends in Accounting, Finance and Financial Institutions. Springer, Cham, 2018: 43 – 55.

［148］ Hadlock C J, Pierce J R. New evidence on measuring financial constraints: Moving beyond the KZ index ［J］. The Review of Financial Studies, 2010, 23 (5): 1909 – 1940.

［149］ Hadlock C J, Ryngaert M, Thomas S. Corporate structure and equity offerings: are there benefits to diversification? ［J］. The journal of business, 2001, 74 (4): 613 – 635.

［150］ Hansen L P, Sargent T J. Robust control and model uncertainty ［J］. AmericanEconomic Review, 2001, 91 (2): 60 – 66.

［151］ Haushalter G D. Financing policy, basis risk, and corporate hedging: Evidence from oil and gas producers ［J］. The Journal of Finance, 2000, 55 (1): 107 – 152.

［152］ Hoberg G, Phillips G, Prabhala N. Product market threats, payouts, and financial flexibility ［J］. The Journal of Finance, 2014, 69 (1): 293 – 324.

［153］ Hovakimian G, Titman S. Corporate investment with financial constraints: Sensitivity of investment to funds from voluntary asset sales ［R］. National Bureau of Economic Research, 2003.

［154］ Hull J, Treepongkaruna S, Colwell D, et al. Fundamentals of futures and options markets ［M］. Pearson Higher Education AU, 2013.

［155］ Ivashina V, Scharfstein D. Bank lending during the financial crisis of 2008 ［J］. Journal of Financial economics, 2010, 97 (3): 319 – 338.

［156］ Jagannathan M, Stephens C P, Weisbach M S. Financial flexibility and the choice between dividends and stock repurchases ［J］. Journal of financial Economics, 2000, 57 (3): 355 – 384.

［157］ Jensen M C. Agency costs of free cash flow, corporate finance, andtakeovers ［J］. The American economic review, 1986, 76 (2): 323 – 329.

［158］ Jia N, Shi J, Wang Y. Coinsurance within business groups: Evidence from related party transactions in an emerging market ［J］. Management Science,

2013, 59 (10): 2295 - 2313.

[159] John K, Ofek E. Asset sales and increase in focus [J]. Journal of financial Economics, 1995, 37 (1): 105 - 126.

[160] Johnson R, Soenen L. Indicators of successful companies [J]. European Management Journal, 2003, 21 (3): 364 - 369.

[161] Ju N, Miao J. Ambiguity, learning, and asset returns [J]. Econometrica, 2012, 80 (2): 559 - 591.

[162] Kaplan S N, Zingales L. Do investment - cash flow sensitivities provide useful measures of financing constraints? [J]. The quarterly journal of economics, 1997, 112 (1): 169 - 215.

[163] Kast R, Lapied A, Roubaud D. Modelling underambiguity with dynamically consistent Choquet random walks and Choquet-Brownian motions [J]. Economic Modelling, 2014, 38: 495 - 503.

[164] Khwaja A I, Mian A. Unchecked intermediaries: Price manipulation in an emerging stock market [J]. Journal of Financial Economics, 2005, 78 (1): 203 - 241.

[165] Kim S. Financial Flexibility and Product Prices: Evidence from a Natural Experiment in the Airline Industry [J]. SSRN Electronic Journal, 2016.

[166] Klibanoff P, Marinacci M, Mukerji S. A smooth model of decision making under ambiguity [J]. Econometrica, 2005, 73 (6): 1849 - 1892.

[167] Knight F. Risk, uncertainty, and profit. Hart Schaffner and Marx prize essays no 31 [J]. Boston and New York: Houghton Mifflin, 1921.

[168] Koste L L, Malhotra M K. Trade - offs among the elements of flexibility: a comparison from the automotiveindustry [J]. Omega, 2000, 28 (6): 693 -710.

[169] Kruse T A. Asset liquidity and the determinants of asset sales by poorly performing firms [J]. Financial Management, 2002: 107 - 129.

[170] Lang L H P, Stulz R M. Tobin's q, corporate diversification, and firm performance [J]. Journal of political economy, 1994, 102 (6): 1248 - 1280.

[171] Lang L, Poulsen A, Stulz R. Asset sales, firm performance, and the agency costs of managerial discretion [J]. Journal of financial economics, 1995, 37

(1): 3 – 37.

[172] Lie E. Financial flexibility, performance, and the corporate payout choice [J]. The Journal of Business, 2005, 78 (6): 2179 – 2202.

[173] Lintner J. Distribution of incomes of corporations among dividends, retained earnings, and taxes [J]. The American Economic Review, 1956, 46 (2): 97 – 113.

[174] Loughran T, McDonald B. When is a liability not a liability? Textual analysis, dictionaries, and 10 - Ks [J]. The Journal of Finance, 2011, 66 (1): 35 – 65.

[175] Maenhout P J. Robust portfolio rules and asset pricing [J]. Review of financial studies, 2004, 17 (4): 951 – 983.

[176] Marchica M T, Mura R. Financial flexibility, investment ability, and firm value: evidence from firms with spare debt capacity [J]. Financial management, 2010, 39 (4): 1339 – 1365.

[177] May A D. Corporate liquidity and the contingent nature of bank credit lines: Evidence onthe costs and consequences of bank default [J]. Journal of Corporate Finance, 2014, 29: 410 – 429.

[178] McConnell J J, Servaes H. Equity ownership and the two faces of debt [J]. Journal of financial economics, 1995, 39 (1): 131 – 157.

[179] Miao J. Ambiguity, Risk and Portfolio Choice under Incomplete Information [J]. Annals of Economics & Finance, 2009, 10(2).

[180] Miller M H. Debt and taxes [J]. the Journal of Finance, 1977, 32 (2): 261 – 275.

[181] Minetti R, Murro P, Rotondi Z, et al. Financial Constraints, Firms' Supply Chains, and Internationalization [J]. Journal of the European Economic Association, 2016.

[182] Modigliani F, Miller M H. Corporate income taxes and the cost of capital: a correction [J]. The American economic review, 1963, 53 (3): 433 – 443.

[183] Myers S C, Majluf N S. Corporate financing and investment decisions when firms have information that investors do not have [J]. Journal of financial eco-

nomics, 1984, 13 (2): 187 - 221.

[184] Neamtiu M, Shroff N, White H D, et al. The impact of ambiguity on managerial investment and cash holdings [J]. Journal of Business Finance & Accounting, 2014, 41 (7 - 8): 1071 - 1099.

[185] Nikolov B, Schmid L, Steri R. Dynamic corporate liquidity [J]. Journal of Financial Economics, 2019, 132 (1): 76 - 102.

[186] Oded J, Michel A. Stock repurchases and the EPS enhancement fallacy [J]. Financial Analysts Journal, 2008, 64 (4): 62 - 75.

[187] Opler T, Pinkowitz L, Stulz R, et al. The determinants and implications of corporate cash holdings [J]. Journal of financial economics, 1999, 52 (1): 3 - 46.

[188] Pinkowitz L, Stulz R, Williamson R. Does the contribution of corporate cash holdings and dividends to firm value depend on governance? A cross-country analysis [J]. The Journal of Finance, 2006, 61 (6): 2725 - 2751.

[189] Qu S, Starks L, Yan H. Risk, dispersion of analyst forecasts and stock returns [J]. University of Texas at Austin Working Paper, 2003: 1 - 33.

[190] Rapp M S, Schmid T, Urban D. The value of financial flexibility and corporate financial policy [J]. Journal of Corporate Finance, 2014, 29: 288 - 302.

[191] Riyanto Y E, Toolsema L A. Tunneling and propping: A justificationfor pyramidal ownership [J]. Journal of Banking & Finance, 2008, 32 (10): 2178 - 2187.

[192] Shleifer A, Vishny R W. Liquidation values and debt capacity: A market equilibrium approach [J]. The Journal of Finance, 1992, 47 (4): 1343 - 1366.

[193] Slack N. The manufacturing advantage: achieving competitive manufacturing operations [M]. Mercury Books, 1991.

[194] Soenen L. Cash Holdings: A Mixed Blessing? [J]. AFP exchange, 2003, 23 (5): 54 - 57.

[195] Stiglitz J E, Weiss A. Credit rationing in markets with imperfect information [J]. The American economic review, 1981, 71 (3): 393 - 410.

[196] Suarez F F, Cusumano M A, Fine C H. An empirical study of flexibility

in manufacturing [J]. MIT Sloan Management Review, 1995, 37 (1): 25.

[197] Subramaniam V, Tang T T, Yue H, et al. Firm structure and corporate cash holdings [J]. Journal of Corporate Finance, 2011, 17 (3): 759 – 773.

[198] Sultz R M. Managerial discretion and optimal financing polices [J]. Journal of Financial Economics, 1990, 26: 3 – 27.

[199] Suzuki M. Continuous – time smooth ambiguity preferences [J]. Journal of Economic Dynamics and Control, 2018, 90: 30 – 44.

[200] Tong Z. Firm diversification and the value of corporate cash holdings [J]. Journal of Corporate Finance, 2011, 17 (3): 741 – 758.

[201] Trigeorgis L. Real options and interactions with financial flexibility [J]. Financial management, 1993: 202 – 224.

[202] Viscusi W K, Chesson H. Hopes and fears: the conflicting effects of risk ambiguity [J]. Theory and decision, 1999, 47 (2): 157 – 184.

[203] Wang H, Hou L S. Robust Consumption and Portfolio Choice with Habit Formation, the Spirit of Capitalism and Recursive Utility [J]. Annals of Economics & Finance, 2015, 16 (2).

[204] Wang H. Robust asset pricing with stochastic hyperbolic discounting [J]. Finance Research Letters, 2017, 21: 178 – 185.

[205] Wu Y, Yang J, Zou Z. Dynamic corporate investment and liquidity management under model uncertainty [J]. Economics Letters, 2017, 155: 9 – 13.

后　记

　　该研究是我承担的中国博士后科学基金第 57 批面上项目《公司财务柔性适度性问题研究》（2015M571284）的最终研究成果。能够成为山西大学管理与决策研究所这个充满生机与活力的大家庭中一员，结识诸多良师益友，我深感荣幸。

　　感谢我尊敬的合作导师张信东教授。张老师具有严谨的治学态度、敏锐的学术洞察力和勤勉的工作作风，博士后期间对我的博士后基金、教育部人文社科基金等多个项目申报书给予了非常中肯的建设性意见。在我博士后研究报告的写作过程中，张老师给予了极大的关心，也表现出了最大的耐心。张老师教书育人、立德树人的教育理念必将使我受益终生。

　　感谢我尊敬的领导刘维奇教授。虽然刘老师行政工作非常繁忙，但令我感动的是每周三晚的学术研讨刘老师总能准时亲临现场，即使在英国访学期间也能坚持通过视频方式参与研讨。研讨会上，刘老师总能提出令人惊叹的问题，从而激发大家的思考。刘老师宽阔的学术视野、深厚的学术功底和极强的创新能力永远是我学习的楷模。

　　感谢我尊敬的硕士导师郭泽光教授和博士生导师龚朴教授，是你们的帮助、支持与鼓励，使我走上了学术研究之路。感谢山西财经大学副校长沈沛龙教授，在工作和生活中您都给予我极大的关怀和帮助。感谢参加我博士后开题和出站答辩的赵国浩教授、陈红教授、李常洪教授、田祥宇教授，你们提出的宝贵意见使我的研究更为聚焦。

　　感谢在山西大学管理与决策研究所遇到的每位老师和同学，研讨会上你们的真知灼见常常令我脑洞大开，平时的相互交流则让我们结下了深厚的友谊。感谢博士后管理办公室芦彩梅老师，您兢兢业业的工作态度和任劳任怨的工作作风让我非常感动。

　　感谢我的爱人、父母和岳父母，你们的默默付出给我创造了最为优质的生活环境，家庭的温馨与关爱给了我奋斗的无穷动力。

　　在课题研究过程中，我指导的硕士研究生（翟璐、王彤、常杰和赵哲）完成了四篇与本课题密切相关的硕士毕业论文，发表了三篇学术论文。上海财经大学王海军副教授参与了本课题理论模型的构建，我的硕士研究生胡嘉胤、乔云、王凯、任杰、张凤平、姚璐、陈李蓉和王艳萍等同学参与了本课题实证部分的研究，在此谨对王海军老师和各位同学的积极参与表示衷心感谢。